如果生命是一場藝術

李汶恩 著
雲　吞 繪

經歷人生的高山低谷，越過山嶺，流下汗與淚
回望過去的成長經歷，發現生命的意義
相聚、離別、生活、回憶……
歷盡甜酸苦辣，最終迎來蛻變

如果生命是一場藝術

作者：李汶恩

如果生命是一場藝術

插畫：雲呑

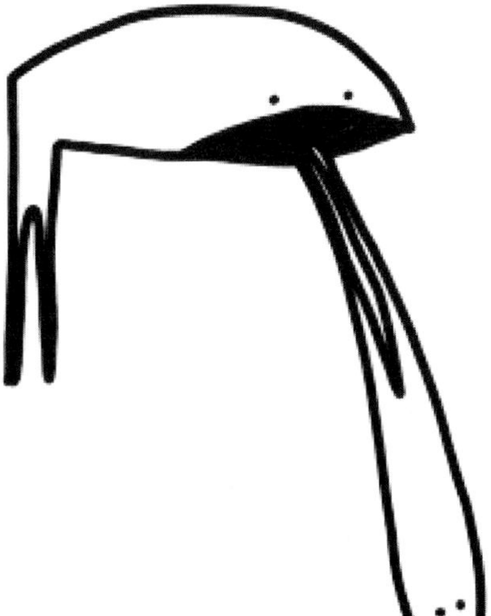

序

生命的意義是什麼？坊間固然已經存在了許多既定答案，可以是事業有成，亦可以是成家立室，生兒育女，視乎自己偏向重視什麼方面的成就。然而，就連計算角度亦能應用不同的算式，計算未知數也能假設不同的英文字母作配搭，遑論是充滿神秘感的人生，怎可能一條公式走天下？

公式不可能只有一條，人生的答案亦不會只有一個。遇見分岔路，我們會卻步，遲疑不決，內心渴望走一條公認為正確的康莊大道，肯定自己是正確的。可是，我們都視力有限，無法眺望千里，無法預測這條道路的終點是否合乎自己的期望。既然，這件事並非我們能力範圍內可控制的因素，倒不如孤注一擲，應用自己獨一無二的公式來計算未知，享受未知。懶理旁人說三道四，嘴巴生在他們的臉上，腿卻生在我們的身上。他們阻擋你的唯一武器就是連珠砲轟的飛沫攻擊，然而，只要你夠堅定，不用多快，慢慢的跑，再繼續跑，漸漸地，遠離了惡毒的人群，聲音的分貝便會降低，再也聽不見世間的雜音，只聽得見自己舒適的心跳律動。

序

考畢文憑試，獲得足夠的分數，十八歲順利入讀大學，修讀自己有興趣的科目—社會工作，二十一歲大學畢業，準備投身社會。按照這個時間順序，套用社會的傳統思想，這大概會被定義為「成功人士」。然而，大學的四年間，囿於歷盡疫情，社會運動，基本上，大半段大學歲月，都在家中進行網上課程。常說大學是「迷你社會」，同學能夠放任地運用讀書時期嘗試更多的可能性。然而，這些動盪卻暫且侷限了我們的去路，甚至動搖了我們的意志。猶幸，大學最後的一年間，有大部分時間到異地交流。身在異地，自然想做一些「瘋狂」的事。我開始設立目標，努力經營我寫文的Instagram-ahfi_words，重拾我兒時成為作家的夢想。

作為初初踏入職場的新鮮人，已經感受到開始工作後，繼續追尋自己的夢想絕非易事。每人一天只有二十四小時，卻有多方面的事要兼顧：工作，休息，社交，感情，可況是要追尋夢想，得需花更大的心力去追。又抑或，人類總是將一切無法完成事情的藉口歸咎於時間，好讓自己心安理得，繼續有拖延下去的理由。

序

時間確實很有限，卻永遠足夠。二零二三年年尾，我畫了一張時間線的草稿，目標是二零二四年的五月前能夠順利交稿，然後成功出版我人生的第一本書。感激自己在這數個月來，堅守對自己的承諾，沒有輕易放棄。

而或許，生命的意義在於，我們花光上一生的時間，去為它賦予意義。

前言

生活中，我們不停地經歷高山低谷，越過山嶺，流下了不少的汗與淚。先承認一直以來的付出，值得給予自己最熱烈的掌聲。這一段路走來，不容易，卻絕非不可能。驀然回首，我們笑過，亦撐過，經歷多少，自己心知肚明。然而，這一點一滴並非毫無意義。它們成為了養分，滋潤我們成長。

在這本書中，我紀錄了自己正值成長階段中獲得的得著或經歷的「小故事」。這些「小故事」未至於驚天動地，我只希望透過我為它們賦予的理解和意義，勉勵正在成長的你和我。

我們在成長的道路上，皆看過了美景，走過了低潮，歷盡甜酸苦辣，讓我們從以往懵懂無知的小孩，漸漸地，少了一分無知，多了幾分成熟，儼如一條毛毛蟲破蛹而出，準備成為亮麗的蝴蝶，在花間飛舞。猶幸，在蛻變的過程，沒有減退我對生命的熱情。縱然蝴蝶未必為最亮麗，最顯眼，它卻正在自由自在地飛翔，探索更多的不可能，發掘世界的另一面。

目錄

目錄

一・《永恆》

你有一樣的感覺嗎？人越大，越害怕與陌生人接觸，越害怕建立一段新的關係。

常說小朋友很容易哄，確實是鐵一般的事實。小時候，只要對方給予自己一顆軟綿綿的棉花糖，便彷彿足以將我們的世界融化，周遭瀰漫着甜滋滋的空氣。嚐了一口外界的誘惑，嘴角依然遺留了香氣，時不時伸出舌頭舔一下甜頭，便能即時將心中的不快一掃而空。理所當然，長輩們必定會不斷尋找所謂的錯處，要麼指責成績一落千丈，要麼兇罵我們對著電視定格，吃飯緩慢。瞬間，脆弱易碎的心靈崩潰，臉上的淚珠沖淡了唇邊的甜蜜。然而，基於長輩心底裡對小朋友的疼愛，還是不忍心看著我們潸然淚下。不用多久，便會送上「甜點」，那是會令人微笑的糖果。

奸狡的小朋友深知長輩的厚愛，得悉在普遍情況下都會有獎賞，因而學懂禮尚往來。縱然在過年又或平日的聚會，家人或許會帶同我們與新的朋友應酬，而又並非出於自願。然而，我們依然願意聽聽話話，送上甜言蜜語，稱讚這個叔叔保養得宜，那個姨姨的身材不錯，最好讓大人覺得自己可愛得意，稍後的獎品便會如意。

即使與長輩交流未必是易事，但這依然是小朋友的能力範圍內，何況跟同輩社交，更加是毫無壓力。在這最天真無邪的年紀，小朋友不會去猜度對方是好人與否，容易相信，亦容易交心。「你喜歡吃夾心餅嗎？」「真巧，我很喜歡呀！」「這是我摯愛的零食！我們一起去買吧，前方的雜貨店就有了！」「好呀！」剛巧的臭味相投，讓兩個天真爛漫的小朋友儼如一塊夾心餅，兩塊餅乾，餅乾之間有著甜頭，甜頭又帶有黏力，順理成章地黏著了兩個陌生人，成為友人。沒有雜質，沒有機心，讓他們更有心機去維持糖果般美好的關係，更加願意相信關係的維繫是簡單的，是長久的。

然而，年紀漸長，卻發現世界原來不只有棉花糖和夾心餅，還有其他林林總總的甜品，中式的有杏仁糊、芝麻糊、花生湯丸……西式的有雪糕窩夫、提拉米蘇、雪花冰……面對著琳瑯滿目的誘惑，人因而多了選擇。而作出選擇之前，更學懂衡量自身的需要和時機。天氣熱，我會想吃杯冰冷的朱古力雪糕；天氣冷，吃碗和暖的豆腐花似乎更加合適。這星期吃了位於深水埗的甜品鋪，下星期到旺角嘗試另一家甜品店亦無壞。吃什麼甜品，到哪裡吃，是一種選擇，關係的建立，何嘗不是一種選擇？

當人遇上與自己投契的人，總是會天真的以為相互之間的情誼足以抵擋風雨，以為大家會一直好好的，以為剎那的光輝便是永恆。然而，遇見的人越多，儼如光芒開始四射，可以自行選擇想要照射的方向。誰能保證看不見、觸摸不到的情誼能在俗世中延續？誰保證我跟你明天依舊是好的？光輝縱然燦爛奪目，卻稍縱即逝。「永恆」二字，既美好，但又殘忍。永，意味著永遠。恆字中，「忄」提醒我們，所有的關係建基於用「心」。若然一方沒有心，關係則不會永恆。

十歲時，我們也許會相信只要有心，友誼定會直到永遠，情侶定會長長久久，親人定會一直安好。二十歲的我們，經歷多了，感受多了，明白有些事，即時有心，亦無能為力。當中的無力感，只有自己才能參透。就如天主教形式的結婚誓詞，寫的是「與你甘苦與共，攜手共建美好家庭，一直到我離世的那天」，而非「直到永永遠遠」。既然知道每段關係終有盡頭，就不要作出多餘的承諾。反之，盡力做好自己能力範圍內的事，才是對她或他負責任的承諾。

人生本來就是一場孤獨的旅行，沒有誰能陪誰到底，我們最終亦是一個人來，一個人走。

「心」提醒我們，所有的關係建基於用「心」。若然一方沒有心，關係則不會永恆。

二．《珍惜要在離別前》

還在念大學的時候，補習是我主要的收入來源。猶記得一天，我如常到我的學生家中補習。門一開，家裏異常讓我感到有點不安。平日，他的媽媽會雀躍地迎接我，他的弟弟會從房間衝出來把功課帶到房間完成。然而，這些一如既往的情節，那天並沒有發生。

「姐姐，你覺得今日有什麼不同嗎？」望著他的眼神，我得悉他不是鬧著，是認真的問。我環視四遭，確實是有點不同。「你那兩只小貓是在廚房看小鳥嗎（他經常開玩笑的說）？抑或是在你的房間裡打架？」他眼眶泛有淚光，吞吞吐吐的回應：「你以後也摸不到那只很喜歡躺在你大腿上的小貓了……」我開始有不祥的預感，還未反應過來，他便說：「芝麻死了。」要處理他的情緒，我必須比他冷靜。「你可以嗎？我們今天可以先不補習。」他回答：「我可以的，我想做功課。平時我應該多餵芝麻，沒機會了，現在二減一，只剩下一了……」

替他補習了一年多，知道他一向不善於表達自己。就像這一件事，縱然他看似能夠將小貓離世、他的情感輕描淡寫，但從觀察他說話時的語氣、臉色，我能猜得到他的內心世界是傷感的，只是他無法藉著自身言語表達出來。沒想到，前天補習時還看見那精靈活潑的小貓，經常把牠放在我大腿上的小貓，還來不及跟牠說再見，便再也見不到了。原來，意外是如此突如其來，死亡是如此防不勝防。

我們最常聽見的是，「當事人」在穿過隧道到西方極樂世界時，腦海裡會亮起那盞專屬的走馬燈，回顧著生前一切重要的人和事，上演一齣又一齣的獨角戲，為的是加深自己在人世間的記憶，不希望喝了孟婆湯後，便將發生過的事洗白。我們不是「當事人」，只能憑直覺揣測其離世後的心境和歷程。然而，羅卡定律告訴我們：「凡走過，必留下痕跡。」留下來的人，總能透過蛛絲馬跡，勾勒得出其存在過的證明，可以是一張照片，甚至是一道刮花過的痕跡。

年月漸長，舊照變得霉舊發黃，刮花過的痕跡亦被新添置的傢俱覆蓋，變得毫不顯眼。然而，人腦的結構很奇妙，當它將不同類別的回憶過濾後，便會將之放進不同主題的房間，繼而緊緊閉上門口，用鑰匙鎖上，保存好裡面的寶藏。確實，記憶是無形的，聽起來很不可靠，而且更有機會在無聲無息之間，靜悄悄地被遺忘了。因此，我們更要付出力氣去捉緊在世時與牠相處的時光，付出力氣去保存離世後牠遺留下來的片段。付出過心機，才更顯其價值。

二・《珍惜要在離別前》

人生就是這樣，無人知曉下一秒將會發生的事，可能是好，亦可能是壞。做好隨時失去的預備，視每一次都是最後一次，視每一天都是最後一天，不要到離別時，才後悔擁有時沒有好好珍惜。珍惜，你最重視的人和事；珍惜，趁尚有機會：珍惜，要在離別前。

芝麻，願你在另一個國度，能繼續吃你愛的糧食，繼續看你愛的小鳥，繼續自由地奔跑。

做好隨時失去的預備，不要到離別時，才後悔擁有時沒有好好珍惜。

三・《紅綠燈》

「嘟嘟嘟……」紅色，綠色，又到紅色……紅綠燈上的顏色伴隨著不同的節奏轉動，指引著街道上的車輛和行人，安全到達各自的目的地，繼續於自己的軌跡運行。

小時候，我總覺得紅綠燈是很偉大的發明。「紅綠燈，過馬路，要小心！」它提醒著我們，過馬路，必須小心翼翼，看清楚車輛的去向，確保道路安全無異，才能繼續向前走。地球很危險，我們不是先知，不能預測意外存在於哪一個街口，儼如會突如其來的殺你一個措手不及。

處於懵懂時期，小朋友尚未完全了解馬路燈的含義，父母定必對他們呵護備至，教導他們安全知識，大手拉小手的陪伴他們過馬路。當他們只顧著吃手中溶掉的冰淇淋，忘了留意正在閃動的「綠燈人像」，身邊總會有一個人，牽起他們另一隻小手，飛奔至安全的地方。童年時，我們都當過這位幸運兒，縱然身處危險地帶，依舊能在護蔭下安然無恙地享受著快樂。

年歲漸長，抬頭看見對面馬路如此吸引，是一個從未去過的地方。只要一看見綠燈亮起，便以閃電的速度飛奔至自己嚮往的方向。甚至，我們會按奈不住內心的衝勁，按下「手掌形」的行人過路鍵，縮短等待的時間，分秒必爭的加速前行。那時候，大概也不用太理會交通燈轉了色與否，因為那股青澀的熱血足以驅動雙腿拼命向前衝，身體的速度總能追得上過路燈的轉換速度。跑得越多，練習的次數越頻密，速度便會有所提升。然而，在我們的力氣壯大之時，亦是父母力氣漸衰之際。我們毫不費力的加快步伐，兩老卻拼盡力氣的維持步履，昔日肩並肩的平排行走，被強行拉開成前後的兩尺距離。失去了成長路上最信賴的依靠，等同沒有了指引，我們便成了自身最強大的依靠。我們單憑自己的直覺與信念，決定自己的去路，定奪自己的速度。路程中，或許是對，或許是錯。甚至當我們身處於漆黑中，看不見前路，會於追趕的路上不小心擦損。距離由兩尺拉成三尺，四尺，五尺……即使兩老力竭聲嘶地吶喊支持，差距亦成了傳達聲音的阻礙。幸運地，綠燈發出的「噠噠聲」，總能指引我們歸家的方向，回到窩居好好休息，好好療傷，才繼續行程。

忘了從哪個階段開始，是二十歲，抑或是三十歲，我們開始步步為營，走的每一個小碎步，都會思前想後，左看看再右看看，不斷重複這個步驟，確保道路安全無疑，才安心繼續步伐。明明還是綠燈，轉眼之間變成紅燈，是我們的身體機能退化，雙腿因不靈活而走慢了，抑或是交通燈的時間縮短了，減少了我們的「旅程」時間？

每個人都有自己的專屬節奏，有的人走得較慢，趕不及馬路燈的轉換，需要於路燈前等一等；有的人走得較快，暢順無阻便到達另一邊。然而，當我們於路燈前等待，時常會感到急躁，尤其是當我們趕著去下一個目的地，總是覺得自己的時間受到阻礙。所謂連鎖效應，心態決定一切，一旦我們心情不佳，便會容易掀起往後一連串的不如意之事。事情未必如此惡劣，但當雙眼被蒙上，好的一面便容易被遮蓋。若然願意採取另一個角度看待事情，這段凝住了的時間，何嘗不是一個機會讓我們緩衝腳步，於鬧市裡的驛站停半分鐘，拾回一路上不小心掉下了的勇氣和信心，儲夠力量，再整裝出發。

紅綠燈是城市交通的指揮官，我們亦是自己人生的掌控官。每個人心中都有一盞專屬的紅綠燈，適時調節自己的節奏，不能太快，因為會讓我們忽略了路途上美好的風景和同行者；亦不能太慢，因為會讓自己掉以輕心，因太過安逸而忘記繼續前行的決心。是時候重新踮起腳尖，繼續我們的生活了。讓我們一起期待著，在轉角彎的燈口，又會遇上怎樣的人並肩而行。

每個人心中都有一盞專屬的紅綠燈，適時調節自己的節奏，不能太快，亦不能太慢。

四・《我就是 不甘於 亦不屈服於 一輩子在地平線上看世界》

自小學起，老師便開始教導學生要多角度思考。所謂多角度思考，或許是學習文言文去認識古人的辛酸史，有的人盡獲賞識，有的人卻懷才不遇；或許是學習英文的語法，從過去，現在，至未來式，理解文中主角的成長經歷；或許是學習數學，運用數學家提倡的方式，去計算不同形狀的角度。

升上中學，科目隨年漸增，在選擇選修科之前，更有機會讓學生接觸截然不同的科目，透過生物科，學生能夠理解生物的結構，換個角度，也是增加對自己了解的途徑；透過物理科，學生能夠理解粒子的存在，再換個角度，人類肉眼看不見的，不代表它不存在；透過商科，學生能夠代入公司的角度，學習如何整理公司的「數字」，以另一個角度看待事情。老師經常鼓勵學生建立批判性思考，意旨期盼學生摒除成見，不要被世間的雜音模糊了視線，保持不偏不倚的心，先多角度了解事件的脈絡，最後才作出公平的分析。

在校，老師盡他所能教育下一代用不同的範疇去理解不同的理論，從而培養學生的多角度思考。傳統的教育主張學生安

四・《我就是 不甘於 亦不屈服於 一輩子在地平線上看世界》

坐在教室裡學習，眼睛向前看，才能理解老師寫在黑板上的一字一句。然而，常言道，所謂學問，就是邊學邊問，因為不問問題，怎能學習？諷刺的是，「多角度」的字面意思，不也就是站立在不同的方位看世界嗎？一直停留於本來的座標，雙腿沒有走動，眼球沒有轉動，那還能稱得上是「多角度」嗎？確實，人本來就處於地平線上，沒有特異功能，無法飛天遁地去轉換位置。然而，只要有行動的決心，你絕對有能力去看見更多的不熟悉，發掘更多的不知道，推翻更多的不可能。

二零二三年暑假，就在第一個社工實習差不多完結的時候，我跟一位大學朋友第一次接觸潛水。那次是我第一次親身體驗世界之大，潛下去，感受海底世界的冰冷，觀察鮮為人知的海洋生態。那刻，我不再侷限於中學生物教科書的認知，亦不再停留於自己的舒適圈。縱然有害怕的感覺，尤其是海水模糊得看不見對方的時候，但當我們牽著手一起繼續向前，內心的懦弱便隨著海水漂走。就在那時候開始，我的世界大了一點，視野亦廣闊了多一點點。

二零二四年一月，我跟一位中學朋友在沖繩玩海上拖曳傘。除了搭飛機，那次是我第一次在高空俯瞰世界，從海上慢慢飛上天空，由水平線看海洋，繼而在天空看著茫茫大海，那艘船隻變得十分渺小。於這個地球而言，它根本是一道微不足道的塵埃。那次的經歷提醒我，不要拘泥於生活中的每一個細節，堅守原則，固然需要。但是，某些時候，放下無謂的執著，或許，你會得到更多。

同年的七月，我跟一名中學朋友去了澳洲旅行，作為大學的畢業旅行。那次旅行，我亦完成了人生必做清單的其中一樣—跳傘。戴上眼罩，緊扣好安全設備，我便跟隨教練坐上直升機。隨著螺旋槳發出震耳欲聾的「伏伏聲」，窗外的風景飛快地映入眼簾，看著自己與地面的距離越來越遠時，內心的恐懼暫且掩蓋了我對世界的好奇，遮蓋了我欣賞良辰美景的視線，本來鬆散的手指不禁緊握成拳頭，默念著「小事啦，好戲在後頭」。艙門打開，狂風襲來，臉上的眼罩亦隨風而吹歪。視線受擋，加上雲霧縈繞，根本看不清前方究竟，不知何去何從。然而，我亦跟隨著教練的指示，硬著頭皮將雙腿離空放出艙門外。「One two three……Jump」毫無預兆底下，我就感受了大概六十秒的自由落體，那是我有生以來感受過最強大的離心力，亦萌生起對死亡的恐懼。縱然我儼如小鳥一樣正在天空翱翔，卻沒有牠們如斯從容不迫，顯露的是一副猙獰的面孔。

習慣了高速卻慢鏡頭的浮懸狀態，我開始嘗試享受穿越雲層的感覺，亦多角度觀賞四周的風景，有綠油油的田園，有古色古香的房子，還有渺小的人類。原來，我比想像中勇敢得多，踏出那看似很難，其實並非不可能的那一步，便能真正感受到，海闊天空。

生存於地平線上，本來就是截鐵斬釘的事實，誰亦無法改變。然而，這不代表我們無能為力，不代表我們要就此屈服。四周環境或許框住了我們的可能性，但命運依然掌握在自己手中。「框」字看似毫無情理，卻不是毫無機會。試想像，「匡」一字中，看似有三面牆壁封閉著我們的去向，但它的右邊並沒有關口，仍留下了僅餘的一扇門，讓絲毫的微光能夠滲入裡面。路再黑，亦未至於看不見方向。這一刻，我們有兩個選擇：一，安全地駐守原地；二，勇敢地闖出舒適圈。自我防護機制提醒我們，停留在熟悉的範圍內，將風險減至最低，是較為有保障的選擇。但是，「匚」裡面的「王」字，提醒我們作為掌控自己生命的王者，把握機會放膽去試，盡情去做，更能獲取非凡的經歷。

不管處於什麼階段的你，正值多少歲數的你，只要你願意，你絕對有條件走出屬於自己的人生軌跡，多角度欣賞地球的經緯度。眼球在身之上，腿在身之下，心之所往，身之所往。你已經在學校黏著椅子坐了十多年了，腿不麻痹嗎？何不去走動一下，欣賞一下這個世界的千姿百態。

眼球在身之上，
腿在身之下，
心之所往，
身之所往。

五·《兩隻腳亂闖》

每一個時代，至少亦有一首首本名曲，一聽見，便足以掀動你的思緒，泛起心中的陣陣漣漪。當你感受著旋律的律動，細味著歌詞的意義，那陣漣漪的面積漸漸於心底裏擴大，某時某刻的重要劇情，毫無預兆的於腦海中上演一遍又一遍。原來，劇中的主角，曾經如此有勇氣，沒有循規蹈矩的按照劇本拍攝。反之，她重新編寫屬於自己的章節，故事劇情比起一開始更富高低起伏。箇中的波動越加劇烈，心驚膽跳的感覺越加明顯，膽量亦隨之而壯大，雙腿更加有力量，能夠跳得更高，走得更遠。

「仍然是那個少年」中有一句歌詞：「無有怕，直衝出宇宙，兩只腳亂闖」，印證了那位少年無所畏懼的勇氣和熱血。可以的話，可以戴上耳機，一邊聽著這首歌，一邊閱讀這篇文章。

二零二三年，我押上了最大的賭注，幾乎花光了所有的積蓄「遊走世界」。戶口數字接近歸零，對於尚算保守派的我而言，當時的心情並非完全坦然，依然會生起絲毫的罪咎感，拷問自己值得與否。現階段的我再度思考這道問題，依然堅定自己無悔做了這個決定。這大半年並非完全處於順境，完全快樂，卻讓當時身處逆境的我成長不少，亦意識到，原來我心底裡，有那麼大的勇氣去冒險。

在台灣交流的大半年，我就讀新竹市的國立清華大學。期間，我無間斷的去背包旅行。縱然台灣是熟悉的地方，起初還是會很害怕自己一個。直至有一次，我跟兩位在交流期間認識的朋友，一起去了墾丁旅遊。由於翌日我要進行小組報告，但兩位朋友依然興致勃勃，想要多玩一兩天才回校，考慮到不想讓他們掃興，因此我決定自己一個由墾丁回新竹的清大宿舍。這一次的旅程，亦開始了我人生第一次的獨自遠征。尚記得兩地相距不短，車程差不多需要六個小時。當時的我，耳機裡的音樂成為了我的強心針，給予我無限的安全感。然而，當我要自己一個看客運，又或是高鐵時間，再到櫃位買票等等，心底裏害怕的感覺油然而生。當時的我，心中不斷吶喊想人求救，沒有膽量的我不敢主動問人，不是害怕阻礙別人，就是害怕別人會無視自己，因而試過獨自站在車站面前研究了一個小時。然而，現實告訴我努力未必每次亦會得到回報，我還是硬著頭皮去問腳步相較緩慢，看起來不趕時間的台灣人。幸運地，他們都很有耐性地為我指出正確的路線和購票的方法。

歷經遠征，順利回到宿舍後，已經踏入凌晨時分，卻頓覺滿載成功感。其實自己一個，亦沒有想像中那麼恐怖。那時起，我學會了享受孤獨。孤獨看似是貶義詞，但它亦有值得被欣賞的另一面。很多時，我們會覺得一個人吃飯，一個人看戲，一個人逛街，會很尷尬，因為害怕自己會被注視。然而，我們每個人，其實都只是世界中很小的一部分。因此，保持好自己的生活節奏就好，你沒有想像中的那麼多觀眾。

於五月，我又興起計劃了一個十天的日本之旅。誠然，那次的旅程是偷偷去的，因為學校的電郵早就列明不能在交流期間離台。而且，對於當時獨自身在異地，要考量的方面亦不少，尤其是離境政策。我多次到訪入境事務處詢問入台證的注意事項（由於交流未完，我必須回台完成所有學分。若然回不去台灣，意味著我亦不能如時畢業），而當地的工作人員也再三提醒我必須到達日本後才能申請。然而，我需要承擔一個風險——到日本後亦有機會申請失敗，因而無法如期搭飛機回台。再者，長時間於海外生活，沒有固定的兼職收入，我已經沒有多餘錢。心情無止境的波動，但最後我也不知道哪來的勇氣，戰勝了現實的惡魔，孤注一擲去了日本。

旅遊期間，由於正值「黃金週」，我採取了「窮遊」的策略，吃到最便宜，沒有買任何的東西。起初，我覺得好像浪費了這趟旅行，但現在回想，卻覺得得著不少。以最低的價錢吃我覺得好吃的，戴著耳機聽著歌，享受自己一個在街上亂走，欣賞世間的美好，反而感到輕鬆自在。行程不必多精彩，食物不必多特別，住宿不必多華麗，只要心境平和，你所看的，聽的，感受到的，都會是美好。

尚記得旅程完結後，我從日本機場回台，拿出香港護照和入台證給職員。他們深感奇怪，好奇我為什麼拿著香港護照，但回的不是香港而是台灣，懷疑我偷渡。於是，他們越叫越多職員出來看我的入台證及護照。當時距離上飛機的時間剩餘十分鐘不夠，而我知道我一定要搭上這班飛機，因為第二天學校有考試。那時，我嚇得差點掉下淚水，但依然強忍著。最後，他們還是讓我過了，我生死時速的衝去趕飛機，尚算是順利回台。然而，故事還未完結。回台後，大概凌晨一兩點，機場職員再看我的香港護照和入台證，說我的入台證是假的，懷疑我偽造文件，所以不允許我入境，並且要求我飛回香港。在等待的期間，他們更安排了我拖著行李入房間等待，然後將門關上，嚇得我即場哭了起來。很快，我便冷靜下來，航空公司的經理過來幫我理論了差不多一個半小時。最終，我能夠順利出境，他還不斷安慰我，叫我小心回宿舍。這次的經歷，讓我學會了「夠冷靜，就贏」。

生活中，總不會事事瞭如指掌，難免會遇上突如其來的意外，打亂自己原訂的計劃。一帆風順，固然理想，若然遇上逆境，亦未必如想像中般驚人。我們都是自己的人生廚師，適時加上調味料，有時甜，有時辣，讓味蕾有所衝擊，才不會讓生活太過淡然無味。

台灣交流完結，我直接飛到新加坡轉機去澳洲畢業旅行。因為真的沒有充裕的金錢，又不想麻煩家人，所以我體驗了人生的第一次——睡機場，還經歷了二十多個小時不能刷牙洗澡。凌晨下機後，我立刻衝到大堂，霸佔了一張迷你沙發，然後用背包當枕頭，倦縮起來睡覺。記得那時還穿著短袖，忘了從行李箱拿外套，冷到全身發抖。「睡機場」這個刻骨銘心的經歷，大概不會有下一次了。但是，猶幸有這次的經歷，讓我獲得「不舒適」的體驗。有時也不必每時每刻都那麼舒適，體驗過不舒適，才能一步一步踏出自己的舒適圈。

二零二三年，我獲得了非凡的大半年經歷，一步一步的亂闖亂撞。但同時間，也失去了「準時的畢業禮」，不能如期和同屆的朋友一起穿上畢業袍拍照，亦感受得到父母的落空。大概於來年的畢業禮，我也未必再會有畢業的感覺。凡事有得必有失，捉緊得到的，珍惜重視的人和事，已經足夠。往後，我還期待著自己保持儲了起來的勇氣，繼續享受不安，保持著「前路是陷阱危險，通通都嚮往」的信念，繼續成長。

有時也不必每時每刻都那麼舒適，體驗過不舒適，才能一步一步踏出自己的舒適圈。

六·《被選中的小孩》

「遇怪魔我即刻變大個，遇見高手痛快得多，……」熟悉的旋律在耳蝸裡迴盪，歌詞是如此的振奮人心而又滿載回憶……

猶記得《數碼暴龍》是我童年裡最喜愛的電影，太一有亞古獸作伴，大和有加布獸同行，而其他被時代選中的小孩，皆有自己專屬的數碼暴龍及戰鬥夥伴結伴同行，披荊斬棘。面對每一次突如其來的危機，每一位勇者都會有新的突破，遇強越強。所謂「心態決定境界」，只要孩子們不輕易言敗，其數碼暴龍亦絕不會放棄，堅持至進化後增強自己的力量，將怪物打得落花流水。縱然去拯救數碼世界及現實世界的旅途中很艱辛，但這一班小孩卻一次又一次的證明了「不容易」並不代表「不可能」。每一次數碼暴龍的進化，其實亦隱喻著自己在接受挑戰的過程中，不斷踏出自己的舒適圈，持續成長。

曾幾何時，仍然是小孩的我們，多麼的希望自己快一點長大，就連身邊的人也希望自己趕快長大。新年時，聽得最多的祝福就是「快高長大」，「學業進步」，祝福那個天真無邪的小孩趕快長高成為大人，然後變得能幹一點。外在條件方面，最好達至社會認定成人理想的身高，女孩長大成一米六五的女子，而男孩要達到一米七五的基本要求；能力方面，要像大人一樣見多識廣，細至日常生活小細節，大至規劃人生方向。總而言之，大人做到的事，我們也希望自己做得到，並且希望趕快做到，因為這正正代表著我們具備更有利的條件走出自己的路。起初，夢想看似遙不可及；但在成長的路途上，縱然不至於觸手可及，但至少我們尚能看得清夢想的方位，依然願意孤注一擲去搭建階梯，拉近與它的距離。「越搏鬥戰意便高企，自信碰跌了又再起」，當那個內在小孩依然懷著一往無前的拼勁，不願意認輸，相信自己跌倒後依然有站起來的意志，就會繼續為心中的理想戰鬥。

直至當我們成為長大了的人，卻發現，當初一直搭建的那道階梯，好像不太穩固，走起路來的每一個小碎步，亦搖搖欲墜，使人越加小心。甚至，驀然回首，或許會驚訝，自己原來在不知不覺間，偏離了航道，且越走越遠。在數碼世界中，水屬性普遍能剋制火屬性的神獸。原來，這個道理亦能套用於現實世界裏。在成長的過程中，當初堅持追夢的熱誠，因在不經意間被潑下冷水而漸漸降溫。撫心自問，你仍能感受當初的熱忱嗎？

六．《被選中的小孩》

年少憧憬著成為大人後的無所不能，直至某天，才驚覺這是感受無能為力的開端。曾經，多少次堅持要大力捍衛心中的理想，深信只要堅守便會勝利，因為這是動漫裡普遍的美好結果。然而，成長的事實強迫我們認清殘酷的事實，世界或許會越探索越醜陋，自信或許跌下了就拾不回，苦盡後亦未必會甘來。

有人說，人的一生大概有三次成長，第一次是發現自己不再是世界的主角；第二次是發現即使再怎麼努力，終究會碰到令人軟弱無奈的事。當你發現原來這個世界的角色多不勝數，自己不再站於世界的中央，默默站在側旁的你變得比之前務實，不再幻想毫無根據的美好現象，不再奢想如何改變世界，而是開始計劃如何改變自己去迎合世界的現況。然而，有些事，是你如何努力去改變，最終也只是徒勞無功。經歷了第一次的成長，依然願意努力做人，全力以赴將自己的生活打理好，用心工作，努力社交，經營自己，生活好像稍微有好轉。可是，現實卻不會輕易放過你。此刻，你發現父母漸漸白髮稀疏；用心維繫與另一半的關係，卻依然有出軌的可能；曾經那麼親密的知己，卻在不知不覺間漸行漸遠。明明那麼用心，為何努力卻被否定了？應當說，不是所有事，努力了就能得到想要的結果。

第三次成長，是明知道有些事可能會無能為力，但還是會拼命爭取的時候。歷經第一及第二次成長後，你的內心變得不容易因外在因素而掀動，看輕了，放輕了。縱然社會的不公，人性的醜惡依然存在，你亦能坦然面對，不執著於自己的付出與收穫成正比，著重於自己能力範圍內做到的事。盡人事，安天命，明知結局不由我們控制，但這刻，你還是想要折騰一下，在事情完結前再看看自己能走多遠。

成長的路上，我們經歷了多次的心境轉換，驚覺對世界的無能為力，得悉自己的力有不逮，接受自己的新定位。過程看似被動，被選擇成這個時代的小孩，被安排由世界的中心到圍繞著地球轉；但我們依然能爭取主動權，提醒自己年少時無畏無懼的衝勁和勇氣，跟隨著自己的步伐，繼續進化，繼續默默地走屬於自己的路。

成長的路從來也不容易，猶幸我們，歷經風波，兜兜轉轉後，尚有前行的決心。

六．《被選中的小孩》

人的一生大概有三次成長，第一次是發現自己不再是世界的主角；第二次是發現即使再怎麼努力，終究會碰到令人軟弱無奈的事；第三次成長，是明知道有些事可能會無能為力，但還是會拼命爭取的時候

七・《疼痛 是活著的證明》

成長之路，總是會跌跌撞撞，會擦傷，會撞瘀，尤其是牽涉到關係，就更痛。年少懵懂，成人總是嘮嘮叨叨，不斷阻止我們胡亂奔跑，提醒我們不要進廚房玩火，也不要熬夜。然而，人是犯賤的，越受阻止，便越想去做，總是喜歡挑戰別人的底線，直至一天跌得焦頭爛額，到了一蹶不振的程度才哭著知痛，不敢再肆意妄為，輕舉妄動。疼痛是人體的自我防禦機制，痛覺經由神經系統傳送給大腦，發出保護身體的警號，提醒自己不能再亂奔狂跳，要開始注意步伐，防止自己再次受傷。

於記憶穿梭搜索，才驚覺我小學時發生過嚴重的「血光之災」，而意外地點是在大美督——一個鄉郊地方。尚記得小學時，我哥和我都是坐校巴上學的，要六時半起床，輪流刷牙梳洗，光速把早餐吃完後，就要揹上書包下樓梯，邁向校車站的方向。這是能夠準時搭上校車的習慣，而普遍在媽媽的嚴謹督促下，我們都是不可能遲到的。然而，在我依稀的印象中，有一次，大概是媽媽不在家還是在房間睡覺，調皮的我把電視開著了，特意為我的早餐配上我最愛的電視劇集，想要爭取每

七．《疼痛 是活著的證明》

分每秒追看劇情。誰料，我越看越上癮，不願意離開，縱使我哥不斷催趕我要出門，我也不理會他。結果，他自己出門了。隔一會兒，瞥見時鐘，驚覺只有幾分鐘校車便會到達，我才開始有心驚膽顫的感覺。我能預料得到若然我無法趕上校巴，必定「大禍臨頭」。我如閃電般關掉電視，頭也不回的想要直飛到車站。然而，就在我正在下斜坡之際，我一不小心，左腳絆右腳，飛快的跑速使我大字型的與石屎地摩擦。校服破損了，手腳擦傷了，最嚴重的是我的臉，額頭至下巴的位置也血流滿面。那次，是我小時候跌得最痛的一次。

當我媽媽知道我受傷後，便帶我到醫院清洗傷口。那時候，醫生不斷把一陣陣刺鼻的消毒藥水塗在棉花上，然後蓋在我每一處的傷口上，除開後換來是血淋淋的紅棉。遭受痛楚煎熬，那是不能用言語表達的疼痛，淒厲的淚水儼如噴泉般湧現，還不斷追問我的傷勢。「醫生，我到底會不會毀容？」「放心吧，只要處理得好，疤痕不會太明顯」「你是指會有疤痕了對吧？」「我不能騙你說沒有，因為你的傷口不淺，尤其是你臉上的傷勢，但脫皮後，疤痕必定會變淺了。」貼上紗布後，我的臉上出現了一個大「T」字。照著鏡子，我差點認不到她是誰，罪咎感亦在心底裡油然而生，後悔著調皮的自己打開了電視，落得如此下場。由於不敢見人，我還請了幾天的病假沒有上學。在家休息期間，爸媽也不斷為我搜羅不同的除疤膏，擔心我一個女生如此多疤痕，尤其是在臉上，影響美觀。

縱然過程中煎熬萬分，卻換來了父母的關注。在成長路上，或許是因為大部分時間都比較自律，我會自己處理好功課和溫習的部分，自己去各種的運動訓練班，因此爸媽會比較放心，在日常細節上不會為我太過粗心。於我的角度而言，他們會將較多注意力放在我哥身上。但意外的發生，意料之外地讓他們給予我更多的時間和照料。原來，我在他們心中的存在感，大概不低於我哥，或者應該說是差不多。伴隨日月，我身上的傷口漸漸癒合，且開始結焦，脫皮，再從新換上。雖然這樣說很荒謬，但正因經歷痛楚，自己會更加小心處理傷口，身邊的人疼愛有加，把自己照顧得更好。感謝痛覺，讓我記得要適時喊痛，宣洩一下傷口招致的痛楚，彷彿在提醒我要為自己的人生負責，路從來都不易走，衝鋒陷陣之際，也要在適時留有大喊的空間，宣洩一下內心的負面情緒，才繼續路程。

長大了，被生活摧殘，發現原來不是肉眼可見的才算是傷口，還有「看不見」的部分。讀書時期，遇上自己心儀的對象。相處的過程中，雙方都有給予時間及空間好好發展，卻發現了對方對感情的玩弄和不認真。那時的我，太過著緊這段感情，或許該說我太上心了，心太重了，我難以單憑一臂之力將

七・《疼痛 是活著的證明》

自己撐起，然而，我深知他不會給予我力量站回起來。一蹶不振的我第一次遭受所謂的情傷，一向天真樂觀的我彷彿失去了靈魂，沒有如平日一樣的嘻嘻哈哈，以往的大笑是有聲的，當時卻要於人前人後擠出勉強的笑容，不想讓他人擔心，亦不想影響他人的情緒。長大了，我是一個成人，就該為自己的情緒負責。相信時間會沖淡一切，會慢慢好的。然而，原來沖淡時間需要依賴如洪海般的淚水，而淚水只會在夜闌人靜的時候才會落下。蓋上了被子，感覺不到空氣的流動，彷彿自己呼吸不了，似是活死人一樣，才膽敢放肆一點，才能稍微好一點點。較親的朋友都因為我的不正常而紛紛責罵我，說我打球時只坐在一角，說我平時欲言又止，說我做功課的表現被拖累。一句又一句的話語傳入耳廉，我並沒有生氣，反倒覺得我依然活著，至少身邊還有我著緊的人著緊我，少了他，世界仍未末日。

生活中總會遇到一個接一個的難關，承認人是脆弱的，因為我們都是凡人，皆為血肉之軀。走著走著，一不小心就跌倒了，撞得頭破血流，膝蓋磨損了，走不動了。坐在地上，小心翼翼地把血抹走，用消毒藥水處理好傷口，再貼上紗布。以為傷口妥善處理好，就好了。不是，這只是痊癒過程中的其中一個步驟。傷口還需要時間讓它癒合，結焦，再脫落，換上新皮。因此，過程中，還是會痛。

肉眼可見的傷口，我們可以即時用工具急救。然而，有些傷口，卻是看不見，亦觸不到的。一個人，不管內心再強大，總會有崩潰的時候。若然沒有妥善處理，便會形成傷口，造成一道永久的疤痕。往後的日子，或許是聽見微不足道的一句說話，或許是重遇很久不見的陌生人，他們在你的心中，未必很有份量。但那重量，卻足以讓你喘不過氣來，影響呼吸的節奏。隨著心跳的律動，身體的神經系統變得敏感。原來，我心中，尚有牽掛。掀起時，它會痛；想起時，淚會流。

確實，痛楚雖不好受，卻是每一個人存在的證明，時刻提醒我們要愛惜自己，照顧自己。回望過去，我們都經歷過大大小小的挫折，受傷過，再癒合。這過程，不容易。一路上，支撐著我們的養分，是我們的信仰。想放棄時，堅信「我可以的」；傷心欲絕時，堅信「我會好的」。堅守靈魂內的信仰，讓傷痕累累的我們，繼續披荊斬棘，遇強越強。

讓傷痕累累的我們，繼續披荊斬棘，遇強越強。

八・《慢一點 再慢一點也沒關係》

「車走啦！就叫你跑快一點，又要等十分鐘了！」「趕時間，那盞燈怎麼還未轉！」深信這些說話於大家而言都是耳熟能詳，身邊的人，甚至是自己亦會提起。即使未有直接以言語表達，亦難免在心中上演了一齣又一齣的內心小劇場。

香港貴為全球節奏最急促的城市，大家的步伐也十分驚人，如安裝了摩打一樣快。綠燈閃亮著，他會拼了老命的往前衝；於巴士站等候的路人幾乎上完車了，司機準備開車，她又一往無前的向前衝，然後隔著玻璃向司機揮手，懇求他開門讓自己上車；六點的下班時間，車站人山人海，地鐵門一開，人潮開始向前湧，你推我撞的誓要逼進車廂內。這是普遍香港人的習慣，包括我自己在內，亦是爭分奪秒，不停地與時間競賽。一貫的習慣，我都會將時間緊密安排好，例如是中學時期，若然選了三個選修科，第三個選修科會於大概早上的七時五十分開始，意思是要比一般的上學時間再早一點。因此，我依稀記得，每星期總會有兩天是需要由火車站快速跑到自己班外的儲物櫃拿去厚厚的會計課本，繼而跨梯級的跑到最高的樓層上課。放學後，我基本上都會立刻離開學校，要麼去校隊打球跳繩，要麼去上補習班；大學時期，上課後我會立刻飛奔到地鐵站，然後趕去補習賺錢。

回顧過去，我的成長好像都在奔馳中渡過，導致日常的生活習慣都加快了進度，當友人還在吃飯時，我已經狼吞虎嚥的吃光了，坐在席上等待他們；平日與友人一同並肩而行，我總會稍微走快一點，感覺步速太慢。直至，我去了台灣交流半年後，心態有了一百八十度的轉變。

八・《慢一點再慢一點也沒關係》

初初到達台灣的機場，我已經開始覺得不習慣。在出入境大堂，那些職員核對護照的速度，讓我想起了樹懶，他們好不著急，施施然的工作，導致隊伍越來越長。然而，我很少於香港機場能夠看見這個景象，因此人便開始焦急起來。細至在商場搭扶手梯，扶手梯的速度是明顯比香港的慢，我和香港的朋友外出逛街時，也會忍不住腳步開始爬樓梯。再加上，在我交流的學校裡，我留意到周遭的人「慢活」到極致，走路十分緩慢，做功課的速度十分「舒適」，讓我百思不解箇中因由。

但在異地的薰陶下，我的步伐也漸漸開始減慢，甚至連公車到了，我也不會刻意上前追，覺得等下一架也是十多分鐘的事，可以慢慢來。多了時間欣賞生活中的細節，路人的一動一靜，心境變得平靜，腦袋亦得以清空，而這是在香港難以體會到的感受。我印象比較深刻的是，由於我是靠轉移學分到台灣讀書，因此在交流完畢時，必須立刻繳交於台灣交流的審批證明文件，才能申請於暑假畢業。當我同年一起去交流的同學，大概於六月至七月都紛紛收到其學校的電郵，發送相關畢業的證明，但我尚未收到，就連城市大學的相關部門也致電給我，說若然於八月底的某個日子亦未能收到，我便要承擔延遲一年畢業的風險。那時，就連朋友也嘲笑我「到台灣能夠放慢腳步，將畢業的日期也放慢」。最終，我僅僅趕得上於學校設下死線的前數天交上證明。

台灣交流完結，回港後，我變得十分不習慣，果然外在環境是會影響一個人心態，從而改變了其行為舉止。在街上，我像人球般不斷被路人撞來撞去，我跟他們似是兩個世界的人，他們心急如焚，我卻慢條斯理；在家中，我被家人說我的洗澡時間很慢，而以往他們極少表達此意見；在飯局上，友人都說我吃飯的速度減慢了不少。聽取了不少評價，我依然覺得現時的速度較為適合我。感恩人生中獲得了半年的「空檔期」，讓

八·《慢一點再慢一點也沒關係》

我可以重新審視自己的生活，調整個人的習慣和速度，達至最舒適的狀態。

現階段，我已經出來工作，而我工作機構的同事有一個「文化」，就是星期五晚上收工後會一起夜跑。記得入職沒多久，我首次加入了他們，還天真的跟隨著男同事的跑步節奏。有同事的跑步速度是大概平均每四分多至五分鐘跑一公里，而我平常的速度是大概六分鐘一公里，導致那一次的心跳率顯示為一百八十多，上氣不接下氣，吃力萬分。追近別人的節奏，或許能勉強跟隨，但始終不是自己最舒適的狀態，跑個二三公里，便會堅持不住。然而，若然減慢一點速度，按照自己的能力，適時減慢，適時加速，能夠堅持的路程會更加長久，最終亦能到達終點。

身若累了，好好的休息，裝滿力量後再繼續走；心若累了，好好的跟自己對話，處理好情緒後再繼續走。

抬頭，仰望天空，深呼吸，專注於眼前的十步，慢一點，再慢一點也沒關係，我們都終會走完。所以，可以的。

八·《慢一點再慢一點也沒關係》

深呼吸，專注於眼前的十步，慢一點，再慢一點也沒關係，我們都終會走完

九．《我身體比你好　你死得比我早》

嬰兒剛出生的哭啼聲，淒厲的聲線中帶著恐懼，那是對未知的恐懼。初來乍到，睜開雙眼，竟是一個又一個陌生的面孔。脫離了母親的護蔭，整個世界變得不一樣，就連體感溫度也要重新適應。當舒適圈被入侵，心底裏的恐懼漸漸擴大，儼如一股暗湧侵蝕著心頭。

「不哭，不用怕，媽媽在呢！媽媽的心願很簡單，只希望你身體健康……」幸好，溫暖的懷抱成了及時雨，安撫了一顆脆弱的心靈，讓他的身體意識到，這個世界大概不是想像般恐怖，至少仍有一絲微暖。

歲歲年年，役役營營，幼苗在溫室中漸漸發芽，長大成人。成長的過程，爸媽成了孩子最強大的後盾。他們總是以最有趣的方式回應著孩子古靈精怪的問題，以最強烈的愛陪伴著他探索世界。泡沫很脆弱，稍縱即逝，一吹便破，沒有絲毫的防禦力。然而，父母對孩子的承諾，縱然沒有文明契約，卻如烙印刻在其心上。他們希望自己的身體比小朋友好，那就有足夠的能力繼續給予孩子幸福和快樂；希望小朋友比自己死得早，那孩子就不用承受失去摯愛的傷痛。

九·《我身體比你好 你死得比我早》

父母的無私奉獻，是偉大的，不求回報的，亦教曉了孩子長大後好好愛自己，也好好愛別人。他們的身體力行，讓昔日的孩子在愛和庇蔭中成長。縱然在成長的過程中亦歷經風吹雨打，亦得悉現實並非安徒生寫下的童話世界般美好，但亦無阻我們釋出善意，以生命影響生命。縱然其影響力如芝麻般渺小，依然有其存在的意義。長年累月，髮絲疏白，皺紋顯現，體格逐漸下降。然而，這不代表我們沒有權利去好好愛人。

於我去年的十二月生日，我由中學認識至今的摯友送了我一部菲林相機及手寫卡，而重量級的禮物是一盒益生菌。她說要祝福我腸道健康，好好養生。平時相約，我們還不時開玩笑說不知自己何時會死，因而開始探討一下我們各自的人生清單，約定一起完成相同的項目，陪伴對方追隨不一樣的目標。說著說著，好像還未能這麼快就死去，因此，我們決定於今年對方的生日，要互相送上一系列的補充劑，照顧好對方的身體，才能有氣有力的繼續做想做的事。身體是自己的，但若然世間上還有另外一個人，跟你一樣著緊自己的身體，跟你一樣愛惜生命，便要好好珍惜這位，願意於最好的年紀，最好的階段，與你於任何時候亦共同進退的好友。縱然世間的細菌再惡毒，有你增強我的免疫力，我好像也不用太害怕。

九・《我身體比你好 你死得比我早》

世界再壞，有你就好。在人生的每一個階段，依然有人，願意陪伴你去發掘地球的另一面，看盡世間的百孔千瘡，是幸運。此刻的我，不奢求長命百歲，只求身體比你健康，讓我有餘力和我愛的人，漫遊於世上。

這句說話，表面上是狠毒的惡言，卻是善意的祝福，或許，只有那個他或她，才能感受得到。

九・《我身體比你好 你死得比我早》

縱然世間的細菌再惡毒，有你增強我的免疫力，我好像也不用太害怕。

十・《停頓不是停止，是逗號不是句號》

漫漫長路，走著走著，總會有心力交瘁的時候。那一種無力感，儼如被一個無形的的籠罩困住了，很倔促，無法喘息。

在不同的人生階段中，我們亦經歷不同的考驗，有著不同的事情要面對和處理。小學時，我們需要應付呈分試，因而報名不同科目的補習班，務求讓自己的成績突飛猛進，最好理想地入讀心儀的中學；中學時，面對的壓力比起以往更多，包括學業上的壓力，朋輩之間的相處，父母對自己的要求等等，為了迎合他人，不惜努力改變自己，學懂照顧他人的感受，卻忽略聆聽自己的情緒；大學時，若然修讀的科目具備實習的要求，同學更需要再次達到督導的建議及功課的要求。

在大學時期，我修讀的是社會工學學系，具備兩次的實習。由於我經已沒有父母的經濟支持，所以縱然需要實習，我亦必須繼續靠補習來維持「生計」。實習開始，便要開始好好編排緊密的行程。這天實習後回校上課直至晚上十時，那天只有實習，便多接一個補習才回家吃飯，後天只有一堂課，上課後便立刻到圖書館完成實習的功課，然後跑去工作。那段難熬的時光，身心都不太健康，毫無喘息的餘地，少了做運動，亦少了社交，因為總是覺得時間不夠用，因而不敢浪費每分每秒，養成了錯誤的心態——一停下來，只要不是工作中，便覺得自己很懶惰又或諸多藉口，罪咎感因而於心底裏萌生。

直至有一天，我於學校下課後，便準備好跑姿，急步走到地鐵站坐車，到第一城替我的學生補習，直至晚上七時多。補完習後，凝視手機屏幕，一則又一則的訊息開始跳動，我媽催我趕快回家吃飯，飯餸已準備就緒。由於從我補習學生的居所到我家，以最快的速度跑到地鐵站搭車，也需要差不多一個小時，而依照我平常的習慣，我亦會盡量快跑以節省前往搭車的步行時間。然而，那時，當我跑了一半的路程，突然發現旁邊的花叢有一隻蝴蝶，讓我不禁停下來觀察。那隻蝴蝶施施然地展開翅膀，於花叢間轉圈在飛舞，動作十分優美。隔了一陣子，那是不消三十秒的時間，牠便稍微停留於豔麗的花朵上。我心想，蝴蝶才飛了三十秒，便已經開始歇息，我工作了一整天，稍微停頓下來，慢行一下，也不為過吧。

內心的天使與惡魔交戰了一輪，最終我亦不能定奪是天使抑或惡魔取勝，反正我決定減慢步速，慢慢來。原來，靜下心來，碎步地走，觀察人生百態，是很舒服的一件事。一陣涼風吹起我的髮絲，彷彿也能暫且吹走我的煩惱。抬頭仰望夜空，縱然沒有星星，只有一棟又一棟的高樓大廈，我依然能夠看見明亮的彎月。它提醒了我，開始入夜了，今天的你亦已經很努

十·《停頓不是停止，是逗號不是句號》

力了，夠鐘休息一下，暫且為自己的待完成清單畫上逗號，明天繼續。

此刻的你，若身心皆被無力感掩蓋，不妨停頓一下。停頓不是停止，不代表你要放棄。反之，停頓之時，你能夠真實地，靜靜地，撫摸自己的心靈，擁抱最脆弱的自己。文字，需要依靠逗號作停頓，才能續寫有意義的句子；生活，亦需要依靠逗號，才能延續有活力的人生。

路還很長，我們皆需經歷無數個逗號，才能畫上圓滿的句號。

十·《停頓不是停止，是逗號不是句號》

路還很長，我們皆需經歷無數個逗號，才能畫上圓滿的句號。

十一‧《畢業，快樂》

突然又已一年，五月來臨，來到了畢業季節。一生人中，總要經歷幾次的畢業。幼稚園畢業，那時候的我們糊裡糊塗，或許連畢業是什麼也不知道，只知道自己要與班中的同學，手牽手上台唱歌。最後一天，得悉自己要離開這個夢幻樂園，心裡的不安感隨之而來，便緊抱著媽媽哇啦哇啦地痛哭。然後，媽媽慈祥地緊抱著孩兒：「不哭，媽媽在呢。」縱然離開熟悉的地方，為孩兒帶來不安，那一種熟悉而溫暖的聲線暫時安撫了脆弱的心靈。自此，勇敢的孩子踏出了舒適區，開始進入了社會的迷宮。

六年後，當年懦弱膽小的孩子再次聽見「畢業」這個字眼。這次，是我們的小學畢業。受到這個小型社會的洗禮，縱然孩子依然是懵懂無知，但亦經歷了不少，開始與周遭的人建立情感關係，與社會接軌。這時候，孩子明白「畢業」不僅僅意味著要離開夢幻樂園，而是大家將要與身邊的三五知己分道揚鑣。要與建立了深厚感情的朋友分開是殘酷的，卻不是無情的。在你傷心欲絕之時，不只媽媽會無條件的安慰你，一群豬朋狗友亦會用愛包圍著你，他們會把自己的個人資料寫在紀念冊之上，讓彼此之間的回憶在紙本上留下痕跡。這次的淚水，不再是懦弱的證明，而是開始成長的證據。

光陰似箭，再六年後，便是中學畢業。第三次的畢業，看似已經有過兩次經驗，以為會熟能生巧，但無人會習慣的，因為感受是真實的，練習多少次也無法熟習。畢業後，便踏至成人歲數。這次的畢業，不僅意味著孩子必須上學的歲數已經完滿結束，更展開了一個新開始。有些人選擇繼續念大學，有些人選擇直接工作，每個人都確立了自己的方向。在這充滿未知之數的世界，無人知道自己的選擇是對或錯。然而，時間只允許我們做錯決定，卻不允許我們不做決定。結果是怎樣，無人知曉，但勇敢的我們就在那時，硬著頭皮地為自己做了最適合自己的抉擇。一夜之間，我們好像成長了不少。

有幸的話，多年後，我們可以再次經歷大學的畢業。在大學裡，我們選擇了自己的專業，決意深入地專研自己的愛好，學會的理論知識未必會銘記於心，但領悟到的待人處事，卻會是終身受用。在大學認識的人，來自五湖四海，要在茫茫人海中認識到真心對待你的人，不容易。正因在成長的路上，遇到了更多的人和事，因而學會了感激離開自己的過客，珍惜一直留守在旁的常駐客。大學畢業，是另一個旅程的開始。好好的感激沿途陪伴著自己成長的人，留下倩影，然後帶著勇氣和希望，再次踏上無盡的旅途，熱血地追尋著自己的夢想，振翅高飛。

十一・《畢業，快樂》

在人生畢業之前，要繼續堅守自己的崗位，堅持自己一直所堅持的，倔強地做認為對的事，延續自己的人生革命。人生畢業之前，我們每個人都要交給自己一篇畢業論文。這份畢業論文，很特別，不在乎個人學歷，亦不涉及任何知識，沒有特定限制。這份功課，就交給我們自由發揮。

在人生畢業之前，要繼續堅守自己的崗位，堅持自己一直所堅持的，
倔強地做認為對的事，延續自己的人生革命。

十二・《願望與選擇》

人的一生，總有數之不盡的願望。承認人是貪心的，得一想二，得二就會想三，這是一個無底的黑洞。然而，這也未必是壞事，至少在過程中，它帶給我們希望，期盼著明天會更好，憧憬著更好的未來。

回望上一次，誠心為自己許願的時候，大概是去年五月到日本旅行了。我所指的誠心，並不是隨意的想過便算，而是認認真真的思考下半年的願望，確確實實的執起筆，然後一一將之寫在木板上。那趟旅行，我跟我的朋友到了穿越冰川神社，一同為自己的來年許下願望。翻開手機的相薄，我找到了「我的願望」。攝於二零二三年五月四日，內容是這樣的：

致李汶恩：

二零二三年差不多過半，獨自離港大半年，感恩一切安好。接下來的日子，希望自己身體健康，堅持自己的興趣，繼續做運動和寫文，工作順利，好好維持與家人和朋友的關係，好好成長，繼續快樂！

大概七月，我回港了，那時的我並沒有忘記當初的願望，反而將願望分拆成幾項的小目標，希望藉著訂立不同的小目標，達成心底裡的願望。於是，我再次執起筆，從新細閱願望清單，然後以具體，可測量，可達成，相關，和有時限的五個原則，訂立來年目標，貼在我房間的牆上，好讓我每天也能看見，有所警惕。目標的內容大概是這樣的：

一.每星期至少運動三天

二.每天喝水一千五百毫升

三.出書，四月前交稿給出版社

四.覆機（朋友的訊息）

五.假日請家人飲茶

我並沒有將所有目標一一羅列，但以上確實是我遵守的主要方向。我不是聖人，當然沒可能每天達成目標。有時被惰性掩蓋，或許整天也未能喝到一杯水，又或有時假日要上班，亦未能陪伴家人外出。然而，至少當我看見牆上的目標，我腦海裡會生起一個籠統的概念，知道自己那陣子運動少了，便加緊留意，寫文方面亦要追上當初訂立的時序，才能趕上節奏。我的願望並沒有很不切實際，亦不是天荒夜談，只是維持自己的生活和興趣，大概亦是普遍人的願望吧？若然抈起心肝，賣力對待，總會一步一步的邁向理想的方向。

十二．《願望與選擇》

希望身體健康，大概是近幾年，每個人心底裡最卑微的願望。新聞每天報導著萬宗感染個案，街上隱約聽見大家的咳嗽聲。總括而言，近年傳入耳朵的都是「肺炎」、「隔離」、「喉嚨痛」等字眼，映入眼簾的是一張又一張蒙上口罩的面孔。你不認識我，我不認識你。縱然認識，也未必認得出來。身體健康這四字，看似簡單，但四遭發生的一切卻告訴我們，健康並非必然。所以，請保持身體健康，照顧好自己的身體，我們才有本錢繼續闖蕩人生。

祈求工作順利，每個人都希望找到心儀的工作，享受自己所做的一切，職場上最好少一點阻滯，人事上最好少一點勾心鬥角，因為世上最難處理的課題，就是人際關係。少一點瓜葛，少一點摩擦，意味著少一個煩惱，工作自然順利一點。

期盼保持快樂，容易嗎？換個問法，要保持快樂，很難嗎？我們很容易將心情與外在因素掛鉤，下雨天我們會聽著比較傷感的音樂，因而使我們的心情變得沈重；跟朋友吵架，被他或她的某句說話影響了心情。然而，與其被周遭的不確定因素影響自己的心情，倒不如將生活的重心放在自己身上。生命是自己的，心情也是自己的，沒有任何人或事有剝奪使你快樂的權利。心情好，恭喜你，請繼續保持天天開心；心情不好，沒關係，去大吃一頓，聽一首富有節奏感的歌曲，再去運動一下吧。你會發現，快樂是簡單的，因為簡單就是快樂。縱然那件事看似微不足道，但也足以讓你快樂一整天。

與其說這些是願望，其實換個角度，它們也是一種選擇，是屬於你的選擇。在能力範圍內，你有權選擇與同事的相處模式，你有權選擇去愛惜自己的身體，你有權選擇屬於自己的快樂。盡人事，聽天命，做好自己的本分，其餘的，就寄託於願望裡，交給上天，一切自有安排。

二零二四，現已差不多過半，樂觀地，感謝身邊的一切；勇敢地，在心中為自己許願；堅強地，繼續發掘世間更多新奇的人、事、物，是好是壞，也不要緊，總有其意義，而它亦會成為我們成長的踏腳石，讓我們的人生旅途填滿色彩。今年完結之時，不只要再為來年許下新的願望，更重要是，回望過去，我們也要笑著的。

十二・《願望與選擇》

盡人事，聽天命，做好自己的本分，其餘的，就寄託於願望裡，交給上天，一切自有安排。

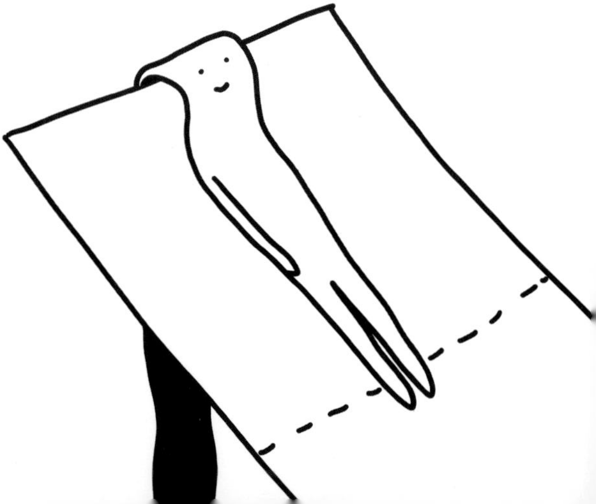

十三・《戴上適合自己度數的眼鏡》

我的近視不算深，左右眼都大概二百多度。我與普遍的女孩一樣，因為愛美，追求自我形象，甚少會戴有框眼鏡上街。即使是正值讀書時期，需要長時間使用電腦做功課，我亦只會盡量於家中或者宿舍，才會戴上眼鏡。由於隱形眼鏡較為昂貴，因此我普遍只會於隆重或我較為重視的場合，才會戴上，例如是與好友或另一半上街。

我在網上搜尋了一番，若然長期沒有戴上合適度數的眼鏡，會容易因看不清楚而眯眼，或導致睫狀肌過度調節，因而導致近視加深的速度更快。沒記錯的話，我好像在大概半年間，兩隻眼睛的度數加深了大概一百度。縱然對很多人而言，二百度近視不算什麼，但對於一個本來只有一百度近視的人，度數突然間加深了一倍，這個幅度的確算是什麼。然而，我是這樣想的，近視不是太深，不用戴也能勉強看清這個世界吧。縱然不是完全清楚，也不要緊。有時做人糊塗一點，人和事不須看得那麼清，知得那麼深，渾渾噩噩地過日子，也是一種福份。

然而，戴上眼鏡後，我才驚奇世界竟然能看得這麼清楚。視線不再模糊，所有人和事都清晰可見。原來高山，樹木，一花一草，甚至是路旁的交通標誌，都包含了許多細節，它們遠遠超過我的想像，我一直不曉得自己的視力有那麼差，直到我體驗到他們可以好到什麼程度，我才明白這一點。

常說，眼睛貴為靈魂之窗，心靈善或惡，一個人有信心，愛心，甚至是同理心和良心與否，皆能一一從中窺探出來。小學至中學時期，我們處於社會的縮影，遇到的人普遍亦相較單純，縱然或許會有分數上的嫉妒，又或友情之間的「爭寵」，尤其是於女生堆，但亦不至於無法處理；直至大學階段，遇到的人越加成熟，經歷得越多，自然明白以自己為中心的重要性。維護自身利益本來就是每個人的基本權利，然而，有些人卻會千方百計的設下陷阱讓你踩，在你措手不及之時，將與世界接軌的大門緊閉鎖上，不讓任何人聽見你的吶喊求助，務求讓你孤立無援。而那個人，可能只是學校裡的普通組員，更有可能是親近的朋友。

長輩們常說，讀書時期縱然亦存在利害關係，但也遠不及真正踏足社會的時候。他們形容，踏入職場是另外一場戰爭。難免會有人為保飯碗，將「不可能完成的任務」推給自己，讓自己脫難，而你卻被拖下苦海。猶記得在大學時期，我亦有到補習社當兼職導師。於補習社中，我試過要完成的工作量根本超出負荷，完全不合理，但薪金依然被壓榨。事實證明，有些雇主會為了自身的利益，希望用最低的成本聘請有能力的人才，將人力資源用盡，因而忽略員工的自身利益。當然，在兼職時，我亦有遇過十分體貼的雇主，就似我私人補習學生的媽媽，試過在補習期間害怕我上課後趕來會感到餓，因而額外為我準備食物。

這個世界並不是非黑即白，尚有灰色地帶。固然會有心地善良的人，亦會有壞人擺明就是想要陷害你。更恐怖的是，會有機心重重的人笑裡藏刀，在你防不勝防的時候，突如其來的「襲擊」你。近視，並非只有一百度和二百度，當中還有許多的可能性，有一百一十，一百二十，一百三十度……甚至出現小數點。而不同的度數，都會影響前方的人呈現出來的模樣。度數深的話，不配戴眼鏡，單靠瞇著眼，大概只能看得見一個人的外型；配戴有度數誤差的眼鏡，確實能將眼前的那個人看得更清楚了，眼耳口鼻清晰可見，但好像看不清他的嘴唇邊是否長有黑痣；配戴合適度數的眼鏡，我能準確道出，眼前方的人於左邊的嘴唇長有黑痣。

寵物小精靈中的傻鴨，表面上似是傻頭傻腦，一直收到頭痛的困擾，因而不斷被小霞責罵。然而，牠總能夠於重要的時候發威，使用絕技贏下硬仗。確實，做人有時，莫問世事，保持糊塗，是不錯的選擇。然而，在關鍵時刻，我們依然要保持清醒，守好最後的防線。

十三．《戴上適合自己度數的眼鏡》

做人有時，莫問世事，保持糊塗，是不錯的選擇。然而，在關鍵時刻，我們依然要保持清醒，守好最後的防線。

十四・《你才是你生命中的專家》

互相勉勵，互相扶持，能讓我們在有心無力時，帶來一點點動力；能讓我們在面對疫境時，依靠那一點點動力堅持下去。哪怕只是一點點，加持之下，一傳十，十傳百，積少成多，點石成金絕對不是傳奇。

社工實習時，我跟數名有特殊學習需要的初小孩童玩遊戲。儘管他們無法很清晰的表達自己，他們亦盡自己的能力，一字一句道出心中的想法。我問：「你們認為，困難等於不可能嗎？」他們回應：「還未嘗試怎知不可能！」看著螢幕上的超人圖案，再繼續說：「我們不能像超人飛上天，但也能做很多事呀……」另一個小朋友繼續補充：「我們也能完成功課的，只是比其他人慢一點而已……那不代表我們不聰明呀！只是我們常常被人說不聰明。」

年紀輕輕，沒想到如此勵志的說話能夠出自他們的口中。對的，慢一點，就代表不聰明了嗎？他們的勵志故事，讓我勾起自己的一段經歷。以往的我，十分抗拒，亦很害怕讓人知道我這個「秘密」，因為我總是覺得這是一件糗事，似是時時刻刻提醒著我能力比同儕低的證據。在小學時，語文科老師都發現了我有寫作的天賦，尤其是中文作文。我的中文作文卷總是能獲得不錯的佳績，派卷時總會被列印出來，然後釘在其他同學的作文卷後面，供他們欣賞和學習。於我而言，「貼堂」是對我一個很大的肯定，代表有觀眾欣賞我的創作，賞識我的文字。然而，在高分的試卷裡，總是會帶有不少用紅色原子筆畫上的圈圈，老師還形容為數目驚人。例如，我會將「和」字，寫成「口」「禾」，把「將」字的部首寫成「片」等等，我不是故意的，而是我不會發現，不論我反覆檢查試卷多少遍，仍然看不見錯處。在欣賞我的作品時，老師亦會公開地鼓勵我注意一下錯別字，與全班一起在錯字旁邊寫上正字。

後來，印象中，老師建議媽媽帶我到醫院約見臨床心理學家做評估，因為年紀太小，我忘記了評估的詳細過程，但是就被卻確診為讀寫障礙。那時的我，應該才踏入小三或小四的年紀，完全不知道確診讀寫障礙不是我的問題，只是覺得到醫院的人都是有病才會求診，而這個病不能靠藥治療，所以我認為，解決問題的關鍵，在於我身上。媽媽知道我有這個病，沒有刻意說些什麼，但偶爾看見我的試卷被紅色筆圈起來，總會皺上眉頭，附帶一句「你這樣多麼不值，完全不曉得這道題目比寫錯字還划算。寫錯字，你是知道答案，但錯；完全不懂，就無關係，反正都不會有分，但這兩個結果是一樣……」「你作文本身又不差，因為寫錯字而失分，多麼不值……」類似的說話不單出現在家人的口中，有時亦能於學校聽見。我沒有怪過他們，因為我覺得他們是在激勵我，在於我的角度，他們認可了我的創作能力，只是希望我努力一點，花多一點點力氣，將剩下的「不完美」轉化成「完美」。因此，我為了減少錯別字，主動在家中罰自己抄，希望盡量看多點複雜的中文字，觸及眼睛，手，口三官，加強我的記憶力。而我記得，當時自我罰抄的次數亦算是頻密，基本上下課後回家，便會自己在房間拿一本默書薄抄字。日復日，月復月，我的認字及寫正字能力進步不少，當然依然存在犯錯，但已經不足以讓老師於堂上公開地要我注意錯別字。

直到中學，在作文的時候，我依然會有不少錯別字。公開考試的制度，作文卷中「錯別字」一欄為加分制，意思是越少錯別字，加分越多。相反，學校的是扣分制，最多會扣五分。而幾乎每一次，我的試卷都是被扣足五分。我的中文老師偶爾也會跟我開玩笑「如果這次是公開考試，你就由五星星變五……」感激我讀書時期的老師都如此貼心，不斷用激將法逼發我的潛能，激勵我在有興趣的範疇上不斷進步，再進步。結果，在公開考試中，我中文科的總成績是五，而當中的作文卷也是五。這不是最理想的結果，但算是對得住我由小學開始付出的努力吧，於我而言，亦算得上是「小壯舉」。

人長大了，又或許亦與修讀社會工作學系有關，開始了

十四．《你才是你生命中的專家》

解自己多了，亦知道衡量事情並非只有單一標準，在包容別人的同時，亦漸漸學會不要對自己如此苛刻，欣賞自己的優點，亦要接受自己的不完美。與其批評別人比其他人慢一點，蠢一點，為何不對他們多一點鼓勵，多一點欣賞，使他們的自信心提升多一點呢？

互相勉勵，互相扶持，固然能夠為身邊的人帶來一點點的正能量。然而，現今社會風氣卻反其道而行之。人們總喜歡從負面角度出發，喜歡評頭品足，喜歡負面地攻擊他人。他們肆無忌彈的留下惡言，因為他們不需要為自己的行為負責。漸漸地，「批評別人」被鼓吹成為社會的主流風氣。

社會的標準不能完全代表每一個人的能力，他有他發光發亮的地方，她亦有她獨一無二的一面。我們難以完全忽略別人對自己的質疑、批評。然而，請緊記，你才是最該為自己生命負責的人，你才是最了解自己的人，你才是你生命中的專家。

十四．《你才是你生命中的專家》

請緊記，你才是最該為自己生命負責的人，你才是最了解自己的人，你才是你生命中的專家。

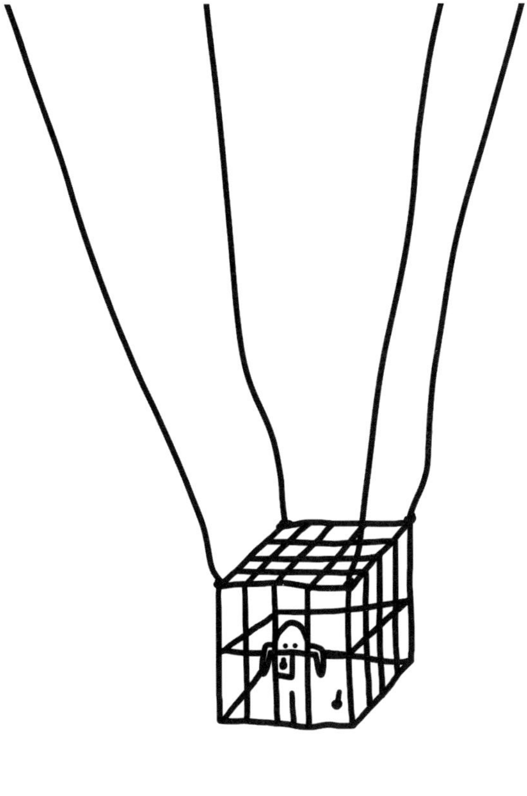

十五．《再見 約定在 未來見》

這是在台灣交流期間，我與室友的對話。由於那時，我決定從台灣「偷走」到日本旅行十多天，等於我要離開宿舍十多天，所以我的室友開始慌亂，有一點不習慣。一天，室友：「你很快要走了。」我安撫她：「我很快就回來了。」室友：「我想起我的媽媽很不喜歡我經常說我要走了。」大概是因為上一輩的人認為「走」是不吉祥的象徵，腦海浮現一堆的字詞都是負面的，儼如離開，甚至離世。我：「那你有想過將我要走了，換成我很快回來嗎？也許她會比較容易接受吧？」室友：「不錯，好像可以試一試。」

這次一別，我們亦沒有過分的傷感，因為知道分開會有限期，十多天後便能相見，因此心情起伏亦算不上有很大的變化。然而，由於六月尾便是我們在台交流生完結學期的日子，代表著我們亦需要離開台灣，與大家告別。二月初開始，與今屆的來自世界各地的交流生首次見面，有來自內地的，德國的，法國的，英國的等等，當然還有台灣的學生擔當我們的學伴，在這個學期間無間斷的為我們安排不同的旅行團，帶我們遊覽台灣。漸漸地，大家變得熟絡起來，尤其是當大家獨自身在異地，無法與自己的親人和朋友見面，互相支持，互相依靠，成為這半年間的「至親」。大家從素未謀面，到後來的關係建立，甚至是友誼加深，是緣分。

然而，緣分剛剛遇上，就到了分別的時候，是幸福的，卻又殘酷。一次，我們一班交流生相約於學校的飯堂一起吃午飯，一見面，一位我較熟絡的內地朋友便說：「想不到那麼快便五月了，真的很捨不得大家！」我回道：「你怎麼了，突然那麼感性！」他說：「我是真的很捨不得你們，很難得才認識，那麼快就要分開了……」當他一提及分開一詞，我的心便揪住了，因不想展現懦弱的一面讓他更傷感，便假裝堅強：「就算分開了，還能再見呀！」「跟香港的朋友，確實有機會可以再見，但是台灣的朋友，或者是其他地方的，就要看情況了吧……」說到這裡，我已經明白他想表達的意思。那刻，我未有想到最佳的方式回答，於是選擇了沈默。

距離離開的日子越加接近，我們相約的飯局越來越多。有一晚的約會，我們所有人到卡拉OK相聚，大家起初的氣氛有點沈重，點的都是離別的歌曲。「今年夏天，是個充滿希望的季節，我們就要說再見。不知何時會相見，曾相處的畫面，不停重複上映在眼前……」哼著傷感的旋律，心弦也被撥動，但調性屬於小調，空氣中彌漫的都是較為負面的情緒。

十五．《再見 約定在 未來見》

確實，離別依依，總是讓人傷感，害怕失去，嘗試用不同的方式擊敗內心的小妖獸，跟脆弱的自己討價還價，欺騙自己還承受得住，沒事的。人之常情，「再見」意味著兩個世界再沒有交接。令人聯想到的畫面，要麼勾勒起曾經共同度過的日子如斯刻骨銘心，要麼就是看著對方的背影漸漸在人群中遠去。這時候，無辜的淚水開始映入眼簾，模糊了視線，腦海裡浮現著一幕又一幕的劇情，耳朵裡似乎又迴盪起一首又一首慢吞吞的淒情旋律。

你不敢道出「再見」，不敢與他或她直視。儘管沒有明言，但大家心知肚明，「再見」暗地裏蘊含著「得閒飲茶」的意思。這一次的短暫揮別，要等待的是不知何年何月何地的「再見」，那是一個無了期的約定。因為沒有白字黑字，這個無形的承諾，全世界就只有你倆知道，使你更加害怕，對方會在亂世中把這個不文明的承諾給忘記。這個承諾未必會石沈大海，因為至少有你緊緊守護著這脆弱的諾言。然而，二人的聯繫，斷了弦，還有意義嗎？

道別，是悲，還是喜，定論於我們想要給予對方留下怎樣的回憶。飯局的開端，確實被傷心欲絕的情緒籠罩著，附近的房間都播放著節奏輿快的跳舞歌，唯獨我們如此格格不入。到了後半段，我們終於開始嗨起來，大家站起來圍圈手舞足蹈，舉起酒杯，為大家送上最後的祝福。在倩影中，每一張臉也流露著最真誠的笑容。看似處於悲劇的主角們，好像也開始釋懷。

人一生的時間線，除了有過去，現在，亦有未來。過去的已經發生了，快樂或難受，皆成過去；現在正發生的，幸福或悲痛，亦即將成過去；未來未發生的，我們尚有選擇的可能性。

約定了再見，儘管不知什麼時候，在那裡，以什麼的形式，或許是下個月，也或許是十年後。我們不知道，但若然有緣分，必定會再見。地球是圓的，儘管你們走得多遠，都處於同一條地平線上，若然有心，定能再次相見。然而，請答應對方，在這煎熬的等待過程，好好照顧自己，好好生活，繼續進步，繼續成長。下一次見面之時，要笑著互相分享自己的得著，再見。

十五・《再見 約定在 未來見》

地球是圓的，儘管你們走得多遠，都處於同一條地平線上，若然有心，定能再次相見。

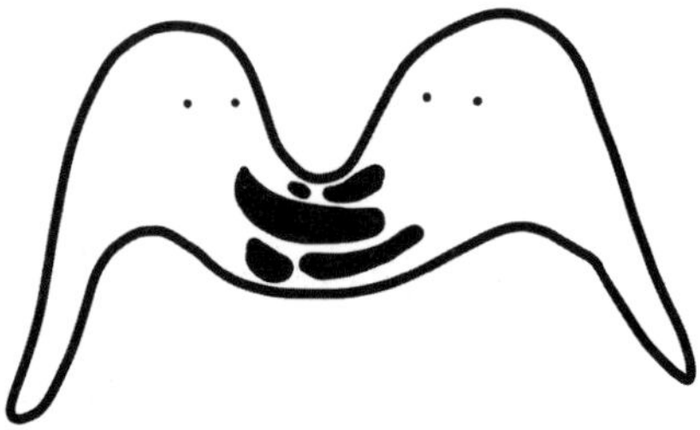

十六・《單行的軌道》

人一出生，就坐上了生命列車。每一輛列車，都必須沿著軌道向前。沒有任何一輛列車，是累了隨時能停靠的，它們只能跟隨著記號或標示，前往平淡或熱鬧。

「大學，火炭，沙田，九龍塘……」是東鐵綫站；「深水埗，長沙灣，荔枝角，美孚……」是荃灣綫站；「中環，金鐘，灣仔，銅鑼灣……」是港島線站。這是我們香港人，每天上學或上班時，普遍會經過的車站。由我們拍上八達通卡起，便要計劃好前往目的地的路線，看準車站下車，轉車再出閘。若然我們在車程中一個不留神，錯過了本來的下車站，便要下車，再上車，換上另一個方向的軌道，返回原本的目的地。這不是的士，能夠隨時於雙黃線以外的地方停靠讓乘客下車，亦不容許我們懇求列車車長通融一下，新增「車站」，中途下車。顯然，它不容許我們中途改變主意，只能於早被設下了的驛站下車。不然，你得用自己的時間償還。

出門搭車，我們看似有選擇的權利，可以任意選擇何時踏出車門，決定於那個車站下車。然而，你有否曾想過，設下了的車站名，其實在無形中，亦限制了我們的選擇。例如，你可以乘搭地鐵到旺角站，卻不能選擇到旺角與油麻地之間的交界，因為那裡沒有個別的車站，你只能在兩個車站中二選其一，然後依靠步行到達兩地之間的中心位置。我是十分同意這個設計方針，有試過從旺角走到油麻地的朋友，應當知道兩地的路程不遠，大概只需十至十五分鐘的時間，對於一般的普羅大眾，步行絕對不是大問題。

平常生活中，車站之間的距離，或許是步行可至的距離，若然我們將眼光看闊一點，闊至人生方向，站與站之間，是否依然能輕鬆抵達？又或者，站與站之間，就不能有一個中間站嗎？我們是自身的生命列車車長，沿着前方的軌道行駛，跟隨著標誌，到站就停下，夠鐘就離開。身為車長，看似正在掌舵著列車，但其實只是前往早被預設好的「終點站」。處於現實社會，在被塑造的大框架下，我們是自由的。只是，要享受有限度的自由，具備附帶條件，就是完成一系列社會設定給我們的「目標」。

對於香港學生而言，中學文憑試大概能引起近乎所有學生的共鳴，這是定奪考生前途的「生死試」，更是影響一生的關鍵。所謂一試定生死，所有入考場的戰士都視死如歸，希望自己順順利利獲取足夠的分數，達到入大學的門檻。車程是這樣的，由中學站駕駛至大學站，是社會設立的要求，順利完成所謂的目標，便能直通成功站。

我是二零一九年的文憑試考生，記得當年的我與他人無異，不斷為這場硬仗作好準備。學習休假開始，不用上學，我便每天到樓下的自修室閉關自守，不是溫習課本便是計時操練試題，務求將所有的範圍熟習，在考試中萬無一失。縱然我努力讓自己不怠懈，心底裏依然會感到恐懼，擔心著試卷的難度，害怕著自己有遺漏的地方。這是一場大型的博逆，在統一制度下，應屆生需要有智慧地下好這盤棋，你可以選擇從容不迫的完成挑戰，一步一步發揮自己的所學所聞；同樣地，你亦能繼續不滿這個考試制度，責罵它強迫你接受挑戰，怨天尤人。

而直至開考前幾天，我才慢慢放開懷抱，要麼不做，要麼做到最好。既然這是一條單程路，已經再沒有回頭的選擇，就只好盡力，搏盡無悔。結果，我幸運地獲得入大學的入場卷。縱然不是心儀的大學，能夠入讀我熱衷於的科目，我已經心滿意足。順利到達成功站，身邊的人紛紛替我高興，尤其是我的家人。

然而，部分朋友的路未有如此暢順，有的選擇了多努力一年，重考文憑試，有的選擇了入讀副學士，訂立目標要「爆四」升上大學，修讀自己有興趣的科目。無法迎合社會的期盼，直接到達大學站，他們距離成功站越加遙遠，需要付出更大的力

十六・《單行的軌道》

氣追趕路程。我是十分欣賞他們的，亦全力支持他們的決定，不會為了一朝得志，獲得所謂大學生的名銜，而放棄自己的目標。而在大學裡，接觸的同學來自五湖四海，亦承載著截然不同的故事和背景。我認識有朋友，就讀「band 3」中學，被老師標籤為忤逆學生，文憑試好像只獲取總共八分的成績。然而，他發奮圖強，在修讀副學士的第一年，「爆四」升上大學。在大學的生涯，別人總會受到多方的誘惑，到這裡應約，到那裡遊玩。可是，他很自律，幾乎花光所有的時間於讀書，因而成績比同期的學生優秀。現在，他與我無異，同樣順利畢業，成為了社工。可見，捷足先登到達成功站的人，不代表他們的「成功」維持久遠；慢人一步的人，或許需要的力氣較大，但亦不意味著他們不能夠到達成功站。

率先到達成功站的人，取得了勝利，但堅持到最後的人，才算是王者。單行的軌道，並不可怕。可怕的，是我們的內心不夠強大，讓懦弱有機可乘，輕易吞噬了我們僅有的幾分勇氣。多少次，我們熱血的為自己訂立了目標，卻因為堅持不住，最後無疾而終。情緒帶動思想，思想影響行為。心底越害怕，腳步走得越緩慢。甚至，腳尖會不由自主的回頭看，想要回到最初的起點。那裡，是個與世無爭的國度，既沒有競賽，也沒有煩惱，我們毋須為誰而落淚，為事而掙擰。安於現狀，或許更加舒適。

十六·《單行的軌道》

為了追求理想，朝著自己的夢想奔跑，我們跑到這裡。現在，躬腰瞧瞧你的鞋底，大概也磨蝕不少了吧。走了那麼多路，現在回頭，過往的力氣，不就是白費了嗎？閉上雙眼，細聽內心的律動，追溯當初踏上這條軌道的初心，簡單而純粹，沒有雜質。

我們的眼睛之所以長在前方，必有其意義。它希望我們向前看，目光放遠一點，再放遠多一點點。不要回頭看了，追隨著前方的晨曦，好好感受生命的溫度。

我們的眼睛之所以長在前方，就是希望我們向前看，目光放遠一點，再放遠多一點點。

十七 ·《母親節快樂》

縱然不是在母親節的那天，妳也要快樂著。

我家一向也沒有特定的義式感，沒有設立慶祝母親節的慣例。然而，去年，我一月底去了台灣交流，一走便是大半年。起初，我跟我媽還是會頻繁聯絡，會視訊，會訊息聊天，而她亦幾乎每天都會跟我說句「早晨」，然後靜待我的回覆。一開始，我亦回得很快，經常和她聊天，她會跟我更新家中各成員的近況，我亦會和她分享我於台灣發生的趣事。

然而，處於異地的誘惑太多，經常和新相識的朋友去旅行，加上我亦希望有多一點專屬的私人時間，休息一下，做自己在香港沒有充裕時間，但熱衷於完成的事。因此，我稍微調整了時間的分配，放輕了陪伴家人的時間。當我媽訊息我的時候，我開始由幾乎秒回的速度，變成了一至兩個小時後才回，有時甚至會更久。當我媽想要和我視訊時，我都會委婉拒絕，然後敷衍她說下一次再聊。每一次，我亦能感受得到她的失望與落空，然而，在香港的生活太壓抑了，難得地可以獨佔自由，就想盡情享受每寸珍貴的光陰，儼如一隻小鳥著地太久，按耐不住要振翅高飛，享受無拘無束的空氣。直至五月，我得悉能夠跟隨大學的乒乓球校隊到泰國交流，但條件是必須由香

十七・《母親節快樂》

港出發。作好一切的安排後，我發現時間上允許我在香港多待留兩三天，而適逢那段時間是母親節的後幾天。決定好後，我便立刻買機票回台，然後將好消息告訴我媽。

她一聽見，顯然十分雀躍，不斷跟我列出會煮什麼餸菜迎接我歸來，全都是我最愛吃的，有雞，有魚，有湯……跟她「報喜」後，我立馬用手機搜索永生花，想為她補送母親節禮物。指尖在屏幕上掃來掃去，終於看見合適的，便下單，約定在我回港的後一天到火車站交收。尚記得那天，我媽想要我陪她一同到街市買菜，我卻欺騙她約了朋友上街，她沒有半點的懷疑，因為這個謊言，與我的人設十分吻合。到大圍站交收後，我的手機屏幕彈出一則又一則的訊息，是我媽跟我說她已經買齊材料，要我快點回家吃飯。我立馬加快腳步，免得要家人呆等太久。

正值回家的路上，我不斷思考著一會兒的開場白應當如何，又應該用怎樣的語氣將花送給她，該是調皮一點抑或認真一點。不竟我生存了二十一年，亦未試過送花，更是第一次送母親節禮物給媽媽，所以想要留下一個深刻的回憶。忽爾，有一把熟悉的聲線傳入耳蝸，那道聲音在空氣中迴盪：「李汶恩！」我回顧一看，一個熟悉的身軀正在想我走近，腳步的速度算不上快，大概是因為手握著兩大袋沈重的餸菜，所以沒有多餘的力氣加快速度。

我停下步伐，靜待她走到我面前，眼前的她，汗珠一滴一滴浮現在鼻孔和額頭，喘著氣說：「你那麼神秘幹嘛？」想不到，我籌備了那麼久的禮物，會是以這樣的方式，這個場合送出。「我剛剛沒有約朋友，去了拿我在台灣訂好的花送你，你拿著吧，我幫你拿菜！」靦腆的我接過餸菜後，便立馬走到大門輸入密碼，害怕看見媽媽的反應，不知她喜歡與否。進入電梯後，她輕輕的說道：「多謝！好好看！」我沒有作任何回應，但心裡確確實實的感覺到甜蜜。電梯裡再侷促，甜絲絲的空氣足以讓我透心涼。就這樣，二零二三年的五月二十四日，我們家吃了一頓很簡單的家常便飯，如常開著電視，如常被媽媽催促將所有飯菜吃光。

小時候最快樂的，是媽媽會用麵粉和糖給我們做點心，或是炒一鍋麵連吃兩三天。兒時化在嘴裡的蜜，是她苦熬而來的甘甜。當我們舒舒服服地在客廳看著電視，她卻默默地在廚房裡預備著各式各樣的佳餚美食。一碟又一碟香噴噴的餸菜端了出來，縱然她的汗珠一滴一滴地流，看著我們吃得如此津津有味，她便足爾。也許孩子真是母親的前世情人，所以她們願意費盡心思為搏紅顏一笑。

十七．《母親節快樂》

一把溫柔的聲線：「孩子，好吃嗎？」「太好吃了！這是世界上最好吃的！」孩子們爭先恐後地回答。這時候，空氣中除了瀰漫著濃濃的香味，還滿載著清脆的筷子聲。這是一幅溫馨而幸福的場面，既有聲，亦有畫。

人隨著年月長大，巨輪在無聲無息之間轉動了一個又一個時代，市面上的產品亦變得日新月異。面對著琳琅滿目的選擇，我們獲得更多的機會嘗試不同的菜色。漸漸地，或許會發現媽媽煮的菜，並非全世界最好吃的。然而，那卻會是你最珍而重之，且久久不能忘懷的味道。

母親是天底下最無私的人，只有她們願意奉獻一輩子，為後代帶來無條件的愛。孩子的快樂，是她們用堅持換來的；孩子的幸福，是她們用心血守護的。

若然孩子真的是媽媽的前世情人，這輩子再次幸運地獲取上天的眷顧，以家人之名，用另一個親密的身分守護著她，這就可以確定是幾世修來的福份吧。數學不用多好也知道，箇中的機率並不高。既然如此幸運，更該繼續用心經營這份得來不易的緣分，讓這超越時空的愛，延續下去。

直至現在，那束花依舊放置在我媽的房門外。

十七．《母親節快樂》

數學不用多好也知道，這輩子能夠以家人之名相處，機率並不高。有緣，我們才能手牽著手，將尚未完成的圓形，變得完滿。

十八・《生命是一幅藝術品》

若然我問，你覺得一幅畫的內容比較重要，抑或一幅畫的大小比較重要，你的答案會是？

這刻的你，單憑多年被社會訓練出來的意識，大概在腦海閃過的字句會是前者，內容應當是首要考慮。所有人都告訴我們要重質不重量，因此我們的認知會是跟隨大眾所趨。回顧過去，尚是幼童的時候，大概都經歷過手握著蠟筆，在紙上發揮無窮的小宇宙，畫呀畫，再畫呀畫，想畫什麼，就畫什麼，不需任何的修飾，亦不需害怕犯錯，因為創作是沒有對或錯。漸漸地，我們或許會發現所有畫的線條也出界了，或許是畫了在木桌上，或許是在地板上，又或許是在牆上。於我們的審美觀，那道線條是裝飾，能夠達至畫龍點睛的效果。然而，於大人的眼中，那道劃痕卻是礙眼，是畫蛇添足舉動。

大人經歷過幼童的階段，對於內容的質素深感認同。可是，他們亦對箇中的意義心知肚明。經歷越多，更加明白追求效率的重要性。若然畫出界了，還得要花上時間擦掉痕跡，顏色太深的話，更有可能要塗上酒精消毒，才能將劃痕抹得一乾二淨。在成人的世界裡，事事追求效率，我們午餐時會選擇快餐店而非茶樓，因為送餐的速度能夠快一點；我們會進行高強度間歇訓練而非跑步，因為減肥的效能高一點；於繁忙的時間，我們會選擇搭地鐵而非巴士，因為路程的時間能夠少一點。兜過幾個圈，發現了效益極大化的捷徑，因而希望小朋友走少一點冤枉路，縱然只是幾公里也好，讓他們有更大機會於同儕中脫穎而出。

在漫不經意間，我們會被大人提醒再督促，教育再模造，告訴我們一張紙有其大小，而其大小便是創作的範圍，意指我們不能夠畫出界，不然會受到懲罰，可能是訓話，又或是花上更多的時間清理。更甚，他們會在畫紙的外圍錶起畫框，使這幅畫再沒有出界的可能性。

年月漸長，小童蛻變成為有歷練的青年，受到社會的洗禮，亦開始認同於設下的框架下做事，的而且確會簡單些，有效率些。然而，當我們的筆尖揮舞之時，會否其實正值初心殆盡之際？每次畫出界，身邊總會有一把聲音提醒「你畫出界了，要小心一點」，下次再畫出界時，這把聲音的語調變得更加嚴厲，讓我們得悉自己「犯錯」了，要小心一點，甚至是以毫米計算圖畫與畫紙的距離，確保畫作安然無恙。是的，畫作的確完好無損，但左邊的圖少一筆，右邊的線短了一點，這幅創作依舊是你昔日的憧憬嗎？當我們看待人生這幅專屬的作品時，應當是看見有吸引的畫框，便立馬思考如何畫一幅能夠符合畫

十八・《生命是一幅藝術品》

框的畫？抑或是揮灑自如，將色調與線條融合得淋漓盡致，完成自己心儀的創作，再另覓合適的畫框將之錶起？

社會總是給予我們林林總總的框架，而這些限制成為了枷鎖，束縛著我們勇敢的追求自己的創作。社會定義女性的適婚年齡為三十，因此不少年輕女性為了擺脫「剩女」的標籤，跟一個不愛的男人結婚，更不惜放棄自己的夢想；四遭的人告訴我們高薪厚職才是王道，因此不少人將追夢的種子狠狠地埋藏於心底裏，甚至親手將它扼殺，成為摧毀自己夢想的兇手；潮流的尖端追求「健康」身型，女生要身材苗條，男生要四肢健碩，使不少人變得容易為容貌焦慮，注重他人的審美眼光多於自己的身心健康。結果，我們成了別人的傀儡，於他人設下的框架下生活，雙手似是被綁緊了，指尖尚能揮動畫筆，手腕卻未能用力轉圈，因而縮窄了可畫的空間，限制了所有事情的可能性。

假若生命是一幅藝術品，其實畫框才是價值最低的部分，什麼時候結婚，有多少財富累積，身材肥瘦，應當是我們給自己設下的畫框，為何要強行用不合適的框架將畫作錶起？我們是在做自己，不是在解釋自己，何必因為旁人的三言兩語，而被壟斷了自己掌管生命的權利？聰明的畫家，似是梵高，亦只會花上畢生的時間為畫作注入生命，完成畫作後才會書寫簡單

十八・《生命是一幅藝術品》

幾句作為介紹。

我們都是自己人生的畫家，我在畫紙上畫油畫，你在粉紙上畫粉彩。完成後畫作後，或許我們都會發現，畫布從來也不只這樣狹窄。

我們都是自己人生的畫家，我在畫紙上畫油畫，你在粉紙上畫粉彩。
完成畫作後，或許我們都會發現，畫布從來都不只這樣狹窄。

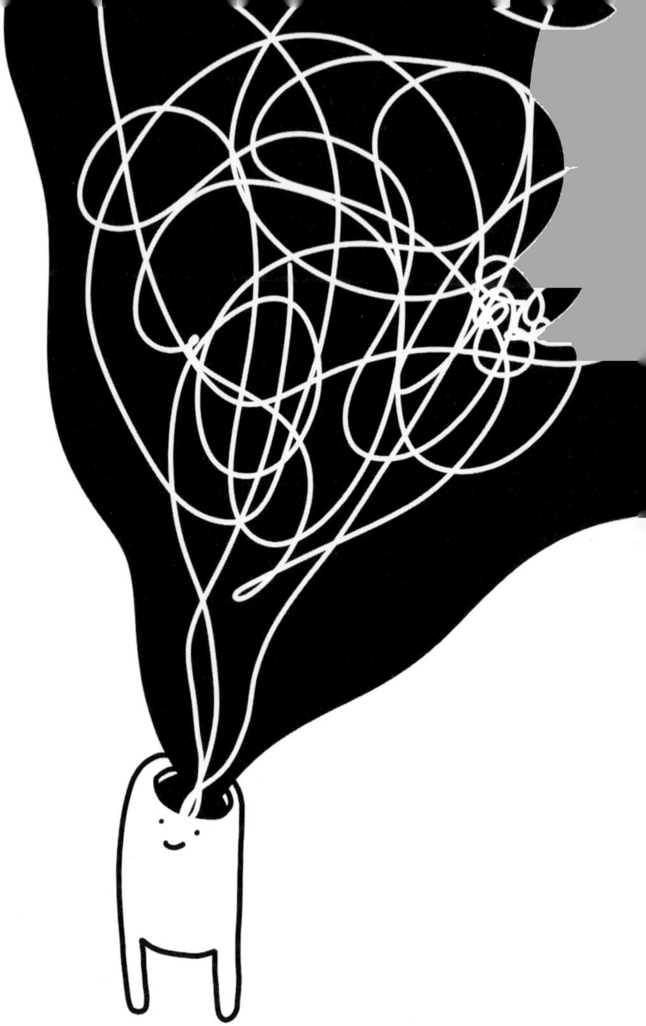

十九・《世界很複雜 但你仍能選擇保持善良》

年輕時，我總是覺得活於安徒生所描述的童話世界，是一件很幸福的事情，因為童話故事的劇情裡，最終都會引領主角出現於美麗的結局。螢幕裡，花上不到一個小時，便能看得清醜小鴨的兄弟姊妹是以貌取人，欠缺同理心，單純看見醜小鴨出生時與他們不一，便標籤牠為異類。可是，歷經質疑和挫敗後，醜小鴨終究成為了白天鵝，尋覓到懂得欣賞自己的朋友。然而，關上電視，踏出家門，走回現實。眼前所看到的，心底裡所感受到的，已經遠遠超出電視機裡所運用的簡單語言和卡通。在錯綜複雜的世界裡，經歷多了，感悟深了，才驚覺人性深不見底，日久才能見人心。

猶記得就讀初中時，我跟家人居住在大美督，所以於大埔墟站轉搭小巴或巴士回家，成為了我的日常。一天，我如常到達大埔墟站，碎步走往小巴站搭車回家。就在路中央，有一位中年女士問不同的路人借錢，但每個人亦是愛理不理，加快腳步的離開。「小妹妹，我的兒子在醫院，我想搭的士去探望他，但我沒錢，你可不可以可憐一下我……」我看著她急切的眼神，勾起了上課時老師提及的施比受更為有福，想著在能力範圍內，我應當幫助她的。因此，我從錢包裡抽出二十元給她，

十九．《世界很複雜 但你仍能選擇保持善良》

還提醒她要小心。當時，她興高采烈的模樣，讓我感受到助人為快樂之本。誰料，我的那份忻悅，只短暫地維持了十分鐘。

走到小巴站排隊，後方的姨姨拍拍我的肩膀：「妹妹，你被騙了！剛才你給錢的那位女士是老手，她近乎每天都會在不同的地方行騙，我前天才碰見她……」話畢，其他聽到的街坊亦紛紛議論那位女士經常出沒行騙的地方和時間，警惕眾人有所戒備。當我天真的以為自己日行一善，結果卻換來空歡喜一場，那二十元更是我辛辛苦苦儲起來的部分零用……怪不得剛剛那位女士展現出一副喜出望外的表情，原來不是因為獲得足夠的金錢去探望兒子，而是因為終於有一隻迷途的羔羊掉下了她設計的陷阱。縱然我是被欺騙了，心底裡亦有些不服氣，但亦未驅使我對世界感到絕望。另一個角度看，慶幸她的兒子不是真的遇上意外，不然的話，她被眾人當作老千而孤立無援，或許就要承受喪親之痛。

人，儼如被捧在手心的薔薇，顏色豔麗，燦爛綻放，總是令人賞心悅目。花開的過程中，不少人都會前來觀賞。然而，有些觀眾總會不懷好意，眼看時，手亦動，或許只是拔去數塊花瓣，又或許只是亂碰數下。縱然不足以招致禍害，但連帶的痛楚，讓薔薇花長出了刺。而身上的尖刺，毫不顯眼，因為她們本來就無意要將惜花者嚇走。

還有一次，於晚間時分，我剛補完習，獨自於補習社外面的巴士站等車回家。被一大堆課業折磨後，我終於可以戴上耳機，聽著歌，沈浸於忘我的境界。忽爾，後方伸出了一只手，連續拍打了我的肩膀幾下，「成功」打斷了我的音樂節奏，強迫我脫下耳機，離開自己的世界。我凝視著那位陌生的男子，問到：「有什麼事嗎？」「小妹妹，我不夠錢吃飯，你可不可以施捨一下我……」這個情境，好像似曾相識，只是問句的用詞有些改變。我看看隊後的路人，有一些專心致志地盯著手中的屏幕，有一些則表達善意的提醒，搖頭示意我不要輕舉妄動。「不好意思，我沒有錢。」我堅決地拒絕了他的要求，然後他飛快地走到另一條隊伍繼續執行他的「任務」。這次的拒卻，不意味著我認為人性醜惡，亦不代表我將類似的行為歸類作行騙。只是，在釋出善意之時，我變得更加謹慎，願意幫助別人，但也不忘保護自己。

確實，再靠近一點，賞花者便能看見薔薇花的身上長滿了尖角和尖刺，稍微不小心，可能就會被她們刺傷。然而，於正常的情況下，你不碰她，她根本對你造成不了任何傷害。薔薇花長出尖刺，不是因為她們想傷害別人，她們只是希望在散發芬芳之際，保護好自己。花如是，人亦然。受傷過，挫敗過，明白溫柔待人，未必同樣會被溫柔以待，因而生起了防備心。世界很壞，但不代表我們要當一個壞人；遇到的人都不善良，

十九・《世界很複雜 但你仍能選擇保持善良》

亦不意味我們要放棄當一個善良的人。

將時間線稍微推移至我去年到台灣交流的日子，我在香港存活二十年，亦未經歷過類似的好人好事。某天，我跟友人相約到新瓦屋客家文化保存區遊玩。看看手機上的地圖，它顯示由清大出發，步行只需一小時。由於我預留了充裕的時間，便決定由清大走路到目的地，享受一下自己的專屬時間，順便感受一下異地風情。走著走著，我開始感到奇怪，一路上的行人道路變得越來越少，剩下的都是公路，與地圖上的顯示不一。於是，我走進附近的一所餐廳，問問當地人我該如何到達文化保存區。「妹妹，你怎麼會走過來的，這裡只有公路沒有行人道路的，不可能走過去的！」店裡的老闆娘皺起眉頭地跟我說。「那我該怎麼去那邊呢？附近可以搭什麼車？」我開始緊張了，追問下去。「這裡是真的沒有呀！要不然這樣吧！我這裡的員工還沒回來，你等我一下，我先關上店鋪，開車送你去再回來！你先不要走喔……」話畢，老闆娘以迅雷不及掩耳的速度收拾好，落下大閘，便叫我坐上她的私家車。一路上，她不斷跟我介紹附近好玩的地方，還善意的提醒我：「小妹妹你要記得呀，如果是男生說載你過去，你千萬不要上車，自己一個在外地要小心一點……」她還有其他的叮囑，溫柔的像一個媽媽囑咐女兒要好好保護自己一樣。到達目的地後，她還等到我的朋友到來才開車離開。確實，世途險惡，但也不代表這個世界沒有好人。

世界本來不複雜，複雜在於人的存在。每個人的價值觀不同，思考模式亦不一，你認同的，他不一定贊同，你覺得正確的，他或許接受不了。正因如此，你更難辨別誰是誰非。當你以為他是個好人，但其實他的好，可能隱藏著附帶條件。又或，他確實是一個好人，只是他的好，並沒有想過要與你分享。必須承認，我們身處的世界並非如想像般完美無缺，好與不好同時並存。即使有千千萬萬種「不好」，亦不代表我們要完全否決「好」存在的可能性。保持防備心的同時，也不忘對世界存有盼望。世界很複雜，但你仍能選擇保持善良。

十九・《世界很複雜 但你仍能選擇保持善良》

世界很壞，但不代表我們要當一個壞人；遇到的人都不善良，
亦不意味著我們要放棄當一個善良的人。

二十・《習慣 就好》

「你幾點要起來上班？」「大概六點四十五起床，七點半出門口。」「那麼早？搭地鐵上班要那麼久嗎？」「因為我通常會想坐巴士，可以坐著看書，雖然有時都會睡著。」「那麼早，也能堅持嗎？」「習慣，就好啦」這是某天我跟友人的閒聊對話。

習慣，是某種程度上的特定思考方式或意志，透過不斷重複的心智經驗而獲得的。起初，我們難免會感到不順心，甚至無所適從，因為與過往的生活模式或作風背道而馳。一天後，感覺心力交瘁，一星期後，感覺好像也不差，一個月後，感覺開始得心應手。歷經抗拒後，決定挑戰自己，嘗試努力適應，去到最後，即使身旁沒有人提醒自己，亦自自然然展現出此行為，因為習慣已經在無聲無息間植入了你的腦海。人本來就不是什麼都知，什麼都曉，總要靠著培養無數的習慣，讓自己在成長的道路上，成為更好的自己。

前文有提及，去年，我到了台灣交流大半年。我大概比當地的開學時間，早了十多天飛過去，所以不能提早入宿。因此，我到了我的小學朋友家暫住十多天，順道找她四處旅遊一下。她的家就位於台中，若然乘搭列車的話，需乘搭至大村車

二十·《習慣就好》

站，然後走一段大概二十多分鐘的路程，才能到達。這是一個鄉村地方，印象中，方圓幾里的餐廳，只有七十一和全家。猶記得我一踏入她的家，便收拾行李，然後妥善的放到一旁。由於當時的天氣炎熱，歷經一輪的體力活，水珠沾濕臉頰，汗流浹背。「我想先洗個澡再出去！」「好呀，你來吧！」我興高采烈的持著乾淨的衣服和毛巾，期盼著稍後煥然一新的感覺。「我建議你把衣服放在盤子裡面，如果唔係好容易整濕……」她還詳列了其他的小貼士，但當我聽見「盤」這個字，我愣住了，然後打斷了她的對話：「什麼年代？還要用盤嗎？」「我住在台灣學校的宿舍，許多人都是這樣的，你這半年要習慣一下了！」我無可奈何的回應：「好……就由今天開始……」

澄清一下，我並不抗拒生活於郊區，甚至能用嚮往二字來形容。小時候的我亦是居住於大美督——一個鄉郊地方，四週圍繞著花草樹木，一出門便是農田，家附近更有一座小山，空氣清新，鳥語花香。然而，原來我享受大自然的生活，是有一個無形的前提——我的日常生活習慣和模式沒有太受影響。可是，當天的體驗稍微顛覆了我以往的認知，而我確確實實的跟隨了她的習慣，將衣服和毛巾放到盤裡，開展了我第一次「回到古時」的經歷。到了晚上，我們一同和我媽視訊聊天，我還開玩笑：「我今天經歷了好特別的洗澡體驗……」「不錯，做半年的鄉村姑娘，你就知道你平時是多麼的幸福。」縱然是在開玩笑，但那刻，心底裡經已萌生起想回家的慾望，是從未如斯強烈的慾望。

翌日，我大概九時便起床了，梳洗過後，在朋友的家轉了一圈又一圈，看了一遍又一遍，我也找不到電熱水壺。於是，我拍醒了她，問她平時怎樣喝水的。「忘了跟你講，你可以拿個水壺，然後下樓梯打水，我平時都是這樣。」「你住六樓，每天都這樣嗎？」「對呀！習慣了。」我是很喜歡運動的人，但也未至於要這樣吧？我感覺自己正在上演一齣劇集——現代女子穿越時代回到過去的古裝劇。不管了，我還是跟隨她的指引，走到樓下將水壺注滿，再走回家。

距離著開學的日子逼近，意味著我離開友人家的日子亦不遠，所以我的朋友亦捉緊時間，再帶我到她家附近四處走走。沿路上，正在耕種的農夫熱情地向我們問好，主動向我們分享自己的年輕往事，小舖店主又好客地請我們吃東吃西。縱然這裡沒有如城市般熱鬧，沒有奢侈的品牌，地道小舖更是骯骯髒髒，甚至有一隻又一隻的蒼蠅在旁作伴。然而，時間久了，習慣了，我也好像開始欣賞這種隨性，自由自在的感覺了。仰望天空，欣賞著美麗的晚霞，那是在繁華鬧市裡，被一棟又一棟高樓大廈遮擋著的自然美。

二十・《習慣就好》

將時間線推移至我到清大報到的第一天，我開始入住宿舍。由於居住著不同國家的同學，文化背景和生活習慣因而截然不同，而這與我日常生活息息相關。記得有同學去完如廁後總是不沖馬桶，弄得洗手間烏煙瘴氣。每當我和室友一同到洗手間，總是會捏著鼻子，以最快的速度梳洗或洗澡，然後立馬衝回房間，日日如是，直至交流結束的那一天。加上，每晚的十一時正，我宿便會將所有燈都關上，四遭陷入漆黑一片。後來問問台灣學生，他們說這是參考軍營的做法，想要培養學生早睡早起的生活習慣。起初，我和室友都對這間宿舍罵個不停，埋怨不想逗留在這個鬼地方。但後來，我們每到洗手間，便會抿著嘴的開玩笑，然後高速離開。同時，「強制性關燈」這個模式亦成功培養了我們早睡早起的習慣，在台的大部分時間，我們倆也會六時起床，梳洗後一同到早餐店吃早餐，再做一會兒運動。然後，我們便回宿舍洗澡，再到圖書館閱讀或上課。

回個頭來，我完全想像不了，我堅持了這個習慣半年。但這半年的習慣，不但訓練了我的耐性及恆心，更是改變了我看待事情的角度。所謂習慣成自然，日常的生活細節，成了我們的本能，讓我們感到安心，舒適。感受不一樣的體驗，儼如一次又一次的挑戰我們的底線，但在調教底線的鬆緊度時，其實也在調整自己的心態。

二十・《習慣 就好》

在日常生活中，我們面對著林林總總的挑戰，跟隨著社會的系統運行。讀書時期，學生受到分數制度的枷鎖，每天與數字競賽，不是溫習默書就是操練試題；步入社會，面對著排山倒海的工作量，準時下班成了美德。起初，士氣高昂的我們還是會據理力爭，為自己謀取最大的福利，與外界抗衡。後來，遭到一次又一次的挫敗，真真正正感受到何謂無能為力，既然改變不了結局，唯有妥協。習慣了。自然就會好了。然而，接受亦不代表我們是弱者，更不代表我們認輸。只是，強者養成了適者生存的習慣——遵守這個世界的遊戲規則，再從遊戲樂園裡，尋找屬於自己的極樂世界。

開始很難，堅持更難。是不容易，但絕非不可能。

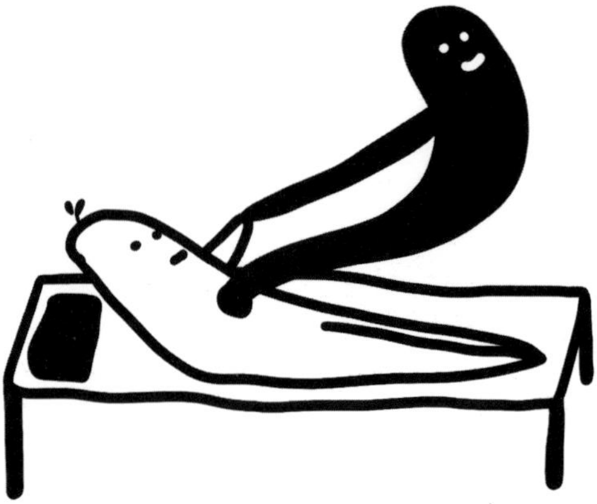

二十一・《長髮與短髮》

這是我從小到大植根於腦海的觀念：女生必定是長頭髮的，只有男生是短頭髮。有印象嗎？深入民心的芭比，最經典的標誌就是一頭長度及腰的浪漫捲髮。，相反，短髮的女生，大多也不被討好，眾人總會稱之為「男生頭」，甚至再成熟一點的女生會被恥笑為「男人婆」。

鏡頭轉移，倏忽一晃，來到了我童年時的畫面。兒時，我總是被身邊的人標籤為「男生頭」。我是比較活潑的女孩，總是亂蹦亂跳，喜歡玩任何的運動，包括乒乓球，游泳，跳繩，跆拳道……由於這些都是比較劇烈的運動，身體動作的需求很大，所以我很容易便會汗流浹背。考慮到方便性及舒適程度，我決意將頭髮剪短，那是脖子以上的短，希望做運動的時候能夠涼爽一點。誰料，在剪髮的時候，我媽突然跟髮型師加插了一句：「反正都剪，不如多剪短一點點吧！像哥哥的髮長就很不錯！」當一聽到她的意見，我秒速變成黑臉，立刻反駁，為自己抗爭到底：「像個男人婆一樣，不是吧？」「你才男人婆，你今天做運動，洗頭就可以快乾一點，不用吹頭，又不會弄成滿地頭髮……」

二十一・《長髮與短髮》

我媽經常因為我的頭髮而嘮嘮叨叨，只要家中的地板有任何一條頭髮，不論是短還是長，她都會怪罪於我，因為家中只有我一個是長頭髮的，她說我總是弄得整地頭髮，害她要不斷吸塵，加重她的工作量。我真的是百思不得其解，掉髮本來就是正常新陳代謝的過程，男女都會發生。相關報告更顯示，每天掉五十至八十條頭髮亦屬正常範圍。憑什麼，地上的頭髮必定歸我？然而，那時的我尚未具備上網求真的智慧，她說什麼，縱然不忿氣，還是接受了。再加上，我亦覺得剪短一點，好像亦無壞，「男生頭」就在這是誕生了。

髮型師的傑作完成，我睜開眼睛凝視著前方的鏡子，心有不甘的喊了一句：「不是吧？」眼前的模樣，好像跟我想像中有點差距，好像跟大眾稱之為「女生」的定義有點格格不入，我亦好像快要認不得自己。頃刻，我的眼眶噙着淚水，撲簌落下，嚇得髮型師不斷慰問我是否不喜歡這個髮型。我沒有回應，儘管是我自己妥協了，再剪短一點，那刻的我依然十分痛恨她執行了我媽的指令。我的腦海裡彈跳出來的畫面，都是被班中的同學恥笑，或者是問我幹嘛那麼看不開，將頭髮剪得那麼短。這個短髮的程度不是普通的短，髮型師的而且確手握著電動剃刀替我剷青，眼看著每根長髮的掉落，亦有心如刀割的感覺。回到學校，縱然同學們沒有我幻想般那麼大反應，但依然對我的剪髮舉動感到好奇，總是用奇怪的眼光注視著我，他們的每一次詢問，每一個眼神，亦讓我心底裡的愧疚感再度加強。縱然隔了一段時間，同學們開始習慣了我的髮型，我亦開始接受自己。然而，我亦發誓了自此只能留長頭髮，答應自己不要再標奇立異。

萬萬想不到，我會再多年後打破了對自己的諾言。正如我前文所言，去年，即是我大四的時候，我去了台灣交流。在台時，不知為何我萌生了一個念頭——剪短頭髮。或許是因為我在交流時，作出了不少既新鮮又新穎的嘗試，心態上改變了許多，包括自己去短途旅行，培養晨早運動後上課的習慣等等。一次又一次的突破，激發了我趁著年輕，勇敢地試多一點，反正這個階段，是成本最低的時候，縱然失敗了，亦無傷大雅。剪短頭髮如是，我是覺得即使剪了後不好看，亦很快能夠留長，要承受的風險不大。腦袋是這樣想，行為卻很誠實，我不斷詢問朋友的意見，又下載不同的軟件，看看我短髮的樣子。朋友的意見大多也感覺不錯，值得一試。他們的意見確實給予我動力和信心去嘗試，但是，童年時剪短頭髮的陰影同時間被勾勒出來，使我卻步了，欲剪又止。

回港後，某天我與好友相約了到旺角吃飯。吃著吃著，聊著聊著，涉及的話題越來越廣，細至分享我在台灣交流的轉變，大至我們未來的規劃。飯後，我們邊走邊聊，走著走著邊

二十一・《長髮與短髮》

到了油麻地。抬頭一看，原來我們踩入了廟街的陣地。正因我們倆亦快將畢業，難免會對未來感到迷惘。一時興起，便決定到最合眼緣的一檔占卜。記憶猶新，那個占卜師問我：「你有想過剪短頭髮？」我雙眼放大，保持冷靜地回：「最近的確有這個念頭！」「你比較適合短髮，如果你剪短了，你的所有事情都會變得不一樣。」「要剪多短？」她的手機屏打開了一張林明禎的照片，然後說：「好像這個長度就很好！」「剪完會有什麼轉變？」她只是簡單回了幾句我覺得沒用的說話。

誠然，我算不上是很迷信的人，亦不盡信占卜的指引。只是，占卜師剛巧說起，成了一個契機，讓我重新思考剪短髮這個念頭，亦增加了我的動力。占卜後，我跟朋友商量了一陣子，衡量一下適合度及最壞的後果。結果，我決意一試。翌日，我的朋友便陪伴我去剪髮，坐言起行。坐上椅子，看見一根又一根的長髮掉落，心裏再次生起一絲害怕，莫名地上演了默不作聲的小劇場。臉帶微笑，假裝鎮定，其實內心緊張萬分。「剪好啦，你看一下下！」我睜開眼睛，凝視著鏡中的女孩，長度是脖子以上的短，但這次沒有劏青，的確是林明禎的髮長，只是人是我，不是她。「我覺得挺好看，沒有中伏，好可愛，感覺年輕了很多！」友人臉帶笑容的對著我，我在次看看鏡中的自己，好像真的不錯，只是我需要多點時間去適應新的長度，新的髮型。

二十一・《長髮與短髮》

起初，我是不習慣的，不能用橡皮圈綁起馬尾，不能紮鬢辮，造型的設計減少了。然而，頭髮較容易打理，吹頭髮的時間節省了不少，看起來亦有清新的感覺。身邊的人看見了我的新髮型，亦紛紛送上讚美的說話，說我看起來像小童，更顯輪廓線條等等。獲得熟人的美言，確實使我自信了不少，讓我更加欣賞「全新的」自己。然而，凡事一體兩面。那段時間，正值我開始尋找全職工作的時候，每當我去見工時，也會被不少面試官「稱讚」：「你看起來很年輕呀！」當我向我媽複述這句說話，她便立刻帶幾分認真地回：「人家當然會想請一個成熟的嘅員工吧！你本身就童顏，剪完頭髮像個小朋友一樣……」於同儕的角度，我大概獲得了「可愛」的認證，符合了這個年紀的標準；於成人的眼中，我好像尚未達至成熟的指標，仍然未成為長輩眼中，成人應該具備的模樣。

可是，我本來就不是因為任何人的一句說話而萌生剪頭髮的念頭。若然有一百個人對我的髮型有所評價，我豈不是要管上百張嘴臉？何時起，我們剪一剪頭髮，轉換一下造型，都要按照別人的意見，又或是潮流的興盛而改變。偏限的不只是髮型，或許是衣著的搭配，眼鏡的款色，包包的牌子等。怎麼別人隨意的一句批評，就換成了我們的過失。忠於自己，何罪之有？

你沒有做錯任何事，作出的選擇是要適合自己，而非適合他人。所以，你的決定，就是最正確的決定。

二十一・《長髮與短髮》

自己的頭髮長度，交由自己作主，長髮是美，但誰說短髮就難看了。
打從心底的欣賞自己，別人就能看見你散發出不一樣的光芒。

二十二・《朋友會流動，摯友不會》

我於別人的眼中，是如此的離群索居，而世界於我眼中，又是如此的難以明白。

小時候，我的性格十分孤僻，害怕與陌生人接觸，喜歡當獨行俠。猶記得就讀幼稚園時，當所有同學雀躍地跑到室內遊樂場滑滑梯，我卻毫無興趣，獨自走到一間玩具房玩過家家；就讀小學時，當四遭的女生都會聯群結黨一同到洗手間，我卻百思不得其解，上洗手間要那麼多人幹嘛；就讀中學時，當班上的同學相約一堆又一堆的朋友外出吃午飯，我身邊的友人卻是寥寥可數。

然而，身旁的同學總會願意靠近，主動聊天。縱然我生來慢熱，但當跟同學們聊過一兩遍，甚至更多，發現我們志趣相投，便感覺好像可以多相處一下。在眾多人的眼中，我總是有流水不斷的朋友，不論是男是女。

曾有人對我說，因為我個子比較矮小，又經常大笑，嘻嘻哈哈，總是保持著樂觀的形象，不會施加壓力於任何人身上，因而喜歡親近我。對於別人對我的評價，我是欣然接受的，亦很感激他們欣賞我的感染力。對部分人來說，大概雙方持有共同的興趣，又或感覺相處時舒適放鬆，便能稱得上是朋友。然而，於我而言，我不算容易視一個人為朋友。或許是我心底裡對朋友的要求高，又或許我本來就不需要那麼多朋友。慶幸，這輩子，有一位朋友，成為了溫暖的存在，讓離群索居的我，好像漸漸與世界接軌。

這位朋友是一名男生，是我由中一開始的同班同學。他個性高冷，不算善於表達，卻是一名高材生，近乎在每個科目中亦能獲取全級第一的佳績。那時候的我，成績並不突出，因此我萬萬想不到，會跟他扯上任何關係。直至有一次，老師重新調配了座位，安排了我坐在他的前面。座位的距離縮短，亦拉近了我們倆的距離。聊起上來，我們出奇地合拍。不知大家有沒有類似的感覺，跟最好的朋友，很多時候亦能無緣無故的達至「神同步」，異口同聲的說出一模一樣的東西。頃刻，二人凝視著對方的靈魂之窗，微微一笑。於他的眼中，我感受得到，在他的心底裡，我是確確實實佔有一個固定的位置，別人不能輕易搶走。而於我而言，他等同坐上了列車中頭等的位置。

基本上，在初中的階段，我跟他很多時候都形影不離，而黏在一起的程度，就連同學都會誤會我們是情侶。上學時，我們會在班房裡互相恥笑，放肆地作弄其他同學，然後一同被罰；放學後：我們會一同在街上「四處流浪」，試過走去沙田圖書館大笑，打擾他人的工作，然後遭受別人的冷言冷語，指責我們兩個搗蛋怪很不像樣；回家後，我們會一同視訊又或致電聊天，有時是一起溫習，有時是延續上課時的無營養對話，然後一聊，便是十多個小時。許多時，我們都聊到進入熟睡的狀態。翌日，便會發現手機和耳機已經無電了。當我們的家人問我們在跟誰聊天，跟誰外出，我們都會很順口地道出對方的名字，不需作任何的掩飾，因此在雙方的家中，我們各自都是鼎鼎大名的存在。

我們不是情侶，相處卻比很多普遍的情侶親近；我們不是情侶，聊天深入的程度卻是無話不說；我們不是情侶，關係卻比很多普遍的情侶長久。然而，過程中並不是如此風平浪靜，箇中亦有如常人一樣歷經友情大考驗。中一時，他告知我：「我中四的時候會跟全家人移民至美國，這是小時候，我家人便安排好，亦不是一時三刻決定的事。」那時的我晴天霹靂，晚上會獨自躲進被子裡偷偷地哭。於當時的我而言，這句說話比情侶鬧翻說分手還要狠。情侶決定分手，是因為經歷一段時間的相處，驚覺二人之間的差異甚大，努力過尋找最好的愛情公式，嘗試磨合，卻發現根本沒有一個特定的方案教導戀人如何共闖天涯，因而決定分開，感情最後無疾而終。

一對戀人，若然願意的話，至少有無限次的機會去嘗試，去經歷考驗。然而，當一段友誼被設下限期，你會怎樣？我又該如何？我是知道的，移民不代表二人的情誼便要終止，我們依然能夠以其他的方式延續，例如是文字訊息，視訊……然而，事實是否真的如此，大家心知肚明的。所謂同學，是指共同學習的夥伴，大家因為有共同的目的而相遇，朝夕相對，甚至開始互相依靠，因而相互之間的關係漸漸變得深厚。然而，有否發現，每經歷任何階段的轉變，一直以為很親近的人，好像會越來越少……豎起你的手指頭，三個，兩個，一個……又或，朋友的數字並沒有減少，只是距離逐漸疏遠，遠得你也不太清楚，他或她到底還有視你為朋友與否。

最貼切的階段，非畢業季節不可。刷刷手機屏，手指滑動間看見了不少既陌生又熟悉的群組，女性朋友之間的群組大多是「我們這一家」，而男性朋友的群組可能是「兄弟幫」，甚至有其他搞鬼的名稱。按進群組，凝視上面顯示的時間，對上一次的對話是什麼時候？一年前，還是三年前？若然聊天只是近來發生的事，你很幸運，亦該感恩，你和你的朋友皆有用心維繫關係，確確實實視對方為「家人」或「兄弟」。縱然畢業後各自忙綠，生活圈子不一，面對的事亦不同，但你們依然願意放下手頭的工作，互相分享近況，支持對方走往憧憬的人生旅途。當所有人在關心你飛得高不高時，只有他或她，著緊你飛得累不累。誠然，踏入社會，大家的經歷不同，對於事情的理解亦未必一致。然而，你們依然願意傾聽對方的想法，尊重對方的價值觀，更顯可貴。

年歲漸長，頓覺要重新認識朋友並不容易，即使表面上能閒聊幾句，亦未必能交心，更何況要從頭開始經營一段新的關係，花費的力氣亦不少。人越大，我們難免變得現實取向，社交時間亦變得有限，因而偏向於與對自己有價值的親朋來往。不然，明明身處於科技年代，大家必定是機不離身，怎麼會一條訊息，能夠相隔一星期，甚至一個月，亦未有任何回覆？我發了訊息，手機顯示你亦已讀了，答案顯然，你心底裡覺得，就連花一至兩分鐘回訊息，亦是浪費時間的舉動。

至今，我跟他已成為將近十一年的密友。他在美國，我在香港，將近四年才見一次。因為兩地存在十三小時的時差，亦無可能再一如以往的視訊或聊天。然而，偶爾，頻率大概為半年至一年一次，我們隨便一方會願意熬夜，等待對方足膝談心，又或主動地發一個訊息「你最近點呀」，關心對方的近況，確保對方安然無恙。如果，你身邊有知心的朋友，至今依然頻繁聯繫，請謹記要好好珍惜。因為，真的很難得；如果，你心底裡有重視的朋友，卻很久沒有聯繫，勇敢地踏出第一步吧。未嘗試過，你永遠也不會知道結果。

這是一場人際關係的斷捨離，離開了的，感恩他們曾經狠狠的在我生命中留下痕跡，讓我有所成長，以後，祝大家各自安好，就好；留下來的，感激你們的陪伴，經歷風雨後，依然願意不離不棄。遇到你們，我很滿足了。

二十二．《朋友會流動，摯友不會》

離開了的，感恩他們曾經狠狠的在我生命中留下痕跡；留下來的，感激你們的不離不棄。遇到你們，我很滿足了。

二十三・《緊急聯絡人》

在日常生活中，緊急聯絡人，於所有人而言，是一個不可或缺的存在。每當我們遇上危難，他們是我們馬上能依靠的人。翻開手機的聯絡人，大概也有過百個，甚至更多。這一刻，若然要你於眾多的聯絡電話當中，揀選一位成為你的緊急聯絡人，那個人會是誰？

出生至今，要填寫的表格數之不盡，包括求學，求職，求診，報名參加旅行團，申請護照，申請會員，挑戰極限運動，甚至報名參加馬拉松，統統都要完成填寫表格的程序。而在表格上，大多都要求你填上緊急聯絡人一欄，人選可能是我們的父母，伴侶，兄弟姊妹又或好友。不論是誰，他們鐵定是我們生命中最親密，最信任的人。

回顧過往，自我有記憶以來，第一次填寫「緊急聯絡人」一欄，大概是入學時填寫手冊，但填寫人亦不是我。記得小學的第一天，老師皆會發放新的手冊給學生，而翻開首幾頁，便有一系列的個人資料需要填寫。處於懵懂無知的狀態，我根本對這些資料毫不認識，因此還是乖乖地蓋上手冊，收好在書包裡，待回家拿給媽媽填寫。尚記得，媽媽毫不猶疑將「緊急聯絡人」一欄填上自己的名字。對了媽媽的名字有了深厚的印象，我便曉得，以後若然要填寫這一欄的資料，我亦有一個讓我安心的人選。後來，待我求職與入職，甚至買保險，我依然毫不猶疑的填寫媽媽的中文全名。這是近乎二十年的習慣，寫多了，習慣了，心目中亦別無他選，想不出有其他的可能性，亦沒有轉換人選的念頭。

也試過有一次，我到我表哥工作的綜合青少年服務中心參加活動，順道申請中心會員，當中亦避不開要填寫這一欄。「我不想填我媽的名字，不想無緣無故的打電話給她……」這是我跟表哥的對話。「正常的情況下，是不會打給她的，不過你寫我的名字吧，有什麼事我知道就好了！」然後，我興高采烈的寫上表哥的中文全名。後來，我交了男朋友。有一次，我們一同報名參加十公里的跑步比賽，資料上要求填寫「緊急聯絡人」，我們寫上了對方的名字。當下，我們還亂開玩笑，若然比賽中途，隨便一個發生什麼意外，然後另一方的電話響起，一邊喘氣一邊聽電話，也是挺好笑的。事實上，我並沒有覺得媽媽不親近的意思，只是希望能力範圍內，盡量不打擾父母，不竟他們的年紀亦不小了，免得讓他們提心吊膽。

隨著人生不同的階段，我們的思想亦有所改變，因此「緊急聯絡人」一欄的名稱亦有機會轉變。年幼時，我們凡事依賴父母和家人，而至親亦不時表達善意的提醒，不論大小事亦應當立馬尋找他們協助。所以，我們內心確定了一旦遇上什麼事故，只要致電給他們，他們必定會無條件的「拯救」自己，帶同自己離開苦海。然而，跟隨著時間的推移，成年後的我們，同理心大增不少，開始顧及別人的感受，尤其是父母的感受，得悉他們過往的行為，是基於對自己的愛與關懷，希望我們任何時候都有最強的後盾，作最後的把關。長大了，我們知道不能如此自私，不能總是讓他們擔驚受怕。因此，若然在填寫資料時，腦海彈出其他名字的可能性，例如是伴侶，就會直接填寫對方。或許，當我們邁向年老，有幸婚後生兒育女，「緊急聯絡人」便自自然然成了子女的名字。

確實，「緊急聯絡人」會跟隨著不同的人生經歷而有所轉變。然而，永恆不變的是，這個人，必定是我們生命中最親密，最信任的人。而在危急關頭中，這個人是最有能力給予你無條件的幫助。如果，你一路上，亦能不假思索的寫下專屬的緊急聯絡人，請珍惜這份幸運，因為不是所有人，亦能如此幸福的有一個親近的人，無時無刻亦會支撐著自己，縱然遇上任何危險，依然承諾不離不棄。

「緊急聯絡人」的存在如同保險，需要事前準備，卻希望永遠不會用上。然而，所謂意外，意思是意料之外。我們不是

二十三・《緊急聯絡人》

先知，沒可能預測到下一秒自己是安好無恙，又或經已危在旦夕。面對著諸多的不確定性和挑戰，縱然我們多勇敢，亦定必要有兩手準備，為自己的生命負責，亦對身邊的至親負責任。

但願我們，於「緊急聯絡人」這一欄，永遠有熟悉的名字和電話可填，卻永遠不會用上。

但願我們，於「緊急聯絡人」這一欄，永遠有熟悉的名字和電話可填，卻永遠不會用上。

二十四．《兩蚊》

兩蚊，於我而言，不僅僅是面值，更重要的，是當中的價值。

我一直沒有認真深究每個年齡層可享有的福利，總是覺得事不關己，己不勞心。直至去年畢業，正式踏入職場，家中成員的角色和定位開始有所調動。向來，我爸是家中最強大的經濟支柱，一力承擔家裡的開支。縱然在讀書時期，我亦有兼職補習，但也只足夠支付我個人的洗費，剩餘的我就會儲起來，留待必要時用。

直至一次，當天是假期不用上班，我便跟爸媽到家樓下吃早餐。如常，我看著餐牌，挑選了相對便宜的早餐。「不用那麼節省，我有優惠卡，我們的早餐可以打折！」我爸忽爾哈哈大笑，展現出一副自豪的姿態，然後再從錢包裡抽出自己的樂悠卡。凝視著爸爸手持著的小卡，才驚覺他原來已經六十歲了。對喔，我畢業，便是他該退休的年紀。我把那張卡搶過來，仔細看看卡中的相片，再跟眼前的他作對比，這是我很久沒有認真地觀察他的容貌。跟以往作對比，爸好像生多了幾根白頭髮，臉色好像瘡老了，皺紋也好像越加明顯。為什麼我說的一切，都要加上「好像」一詞，明明二人處於同一屋簷下，明明我們每天也有機會見到對方，是我本來就無心留意，抑或是他靜悄悄地，加快了衰老的速度？

歲月本來就是殘忍，無聲無息地流逝，亦在毫無預兆下替我們的容貌換上新妝。別那麼多無謂的藉口，平日，我們都保持著忙錄的生活節奏，各自為自己的生活和夢想奮鬥，再拼搏。然而，回家後，縱然內裏的靈魂在未經批准下，便已開始自行休養，只剩下筋疲力盡的驅殼，跟隨著本能反應，繼續完成每日任務剩餘的二十巴仙，包括洗澡，收拾翌日出門上班的袋子，襯搭好心儀的穿搭……感恩，終於完成了今天的一切繁瑣事務，可以立馬躺在床上好好休息了。

可是，我們口中的所謂休息，只是躺平於床上，解鎖手機密碼，然後不是刷社交平台，看看別人今天發生了什麼事，便是八卦一下某位明星的新聞，誰被記者拍下胖了五公斤，誰又被歇發傳來緋聞。有發現嗎？我們寧可關注關係疏離的某某，花上精力緊貼他們的朋友圈，甚至跟進和自己毫無關係的名人，亦不願意關心近在眼前的至親。何時起，我們連看一眼，又或說句「晚安」也不情願，你走進了房間，我亦緊閉大門，二人亦沒有說什麼，只是連續兩下「呯」的關門聲，經已意味著開啟了「請勿打擾」的模式。

四遭的嘈雜聲，強行把我從回憶中拉回現實。凝視著爸爸吃得津津有味的樣子，想起從前的他，總是喜歡點濃味的食物，包括沙爹牛肉麵，牛油多士，再加上奶啡作配搭，以此作為每日的開端。然而，自從開始了身體檢查，他被醫生診斷為「三高」人士，提醒他要健康飲食。因此，他開展了健康飲食的生活習慣，每餐少油，少甜，七分飽，好讓自己能控制體重。現在，他吃的是火腿通粉，煎雙蛋，搭配一杯黑咖啡。身型對比起那時，確實消瘦了不少。我是知道的，他吃得清淡，努力去喜歡這種淡然的味道，刻意養成習慣，是希望付出的心力能換來另一種回報，跟我們一家人，健健康康，平平淡淡地生活。剛剛好才達至退休的年紀，辛苦了大半生，更要保持健康的體魄，有氣有力的享用長者優惠，享受餘生的快樂。

然而，當我爸開始享福，便是我正式開始在社會打拼的時間。為青春奮鬥期間，猶幸我不僅有父母作支撐，更有朋友在旁作伴。縱然，我跟我的朋友平日各自於自己的軌道上一往無前的向前衝，我們亦沒有忘記大家，總會抽出時間相約一聚，更新大家的狀況。我跟我的中學朋友，通常會約一整天。他們會不斷發掘香港的山路，最好越難越好，因為能夠為我們的經歷，帶來嶄新的衝擊和無限的驚喜。過程中，我們除了各自匯報自己的近況和想法，爬到難行的山路，意思是要手腳並用的地帶，但側旁卻沒有圍欄或其他的安全措施，我們便會開始語無倫次的嬉皮笑臉，你一言我一語的：「輕鬆搞掂啦！一野衝過去！」「完全唔危險，你諗住好安全，佢就係安全！」「人係無咁容易死架！」當旁邊的山系之友開始慌張，我們卻施施然的，以輕鬆的心情走過。當然，最後還是會一不小心的滑倒又或弄傷，互相嘲笑和攻擊後，還是會手把手的扶起大家，繼續向前走。

猶幸，畢業後，身邊依然有一班知心好友，於同溫層一同圍爐取暖。而你深深感受到，他們不只在你有事想求時會在，而是你有事或沒事，他們都會在。每次見面，我們都會跟對方說：「死唔去就得啦！」「千祈唔好咁快死，六十歲仲要一齊遊山玩水，要用長者優惠，搭船入長洲先兩蚊……」猶記得一次跟我男朋友電話聊天，提及起長者的兩蚊優惠，他開玩笑的說：「依家真係咩都做到新聞，就連聽都未聽過嘅國家，有人排隊買唔知咩嘅飛，都關我地事……咁嘅話，我依家同你講，你六十歲果陣，我地會一齊用兩蚊搭車周圍去，我覺得仲有新聞價值過呢單野！」我回：「你繼續吹啦！誇張到你……」「睇吓點囉，我就暫時未聽過有新聞報導，有人承諾四十年後同另一半一齊用兩蚊優惠啦……」

你不覺得嗎？這是一個很浪漫的承諾，浪漫不僅僅存在於戀人之間，承諾亦不貴於箇中內容，而是相互之間約定了的細項，然後大家跟隨著這個大方向，攜手向前。顯然，我們皆不是著重於兩蚊的面值，更多的，是箇中的價值和意義。大家亦願意花上以年計的時間，甚至是半輩子的青春，照顧好自己，再維繫相互之間的關係，而提及這個諾言之時，並沒有預先準備花巧的講稿，亦沒有奢華的設備，大家亦只是跟隨內心最真誠的感受，將最真摯的一面展現給最重要的人。很隨性，且不刻意，卻無比珍貴。

二十四・《兩蚊》

我愛的人，以及愛我的人，請好好保存性命。我還想等到六十歲時，跟你們一起享用兩蚊的乘車優惠，繼續遊走。

二十五·《桌子，有四個角，砍掉一個，還剩下……》

桌角，有四個，砍掉一個，還剩下多少呢？四減一，等於……三個嗎？再想一下，別輕易讓慣性思維，限制了你對現實的詮釋。這一刻，你的答案依然是三個嗎？抑或，已經想到了其他的可能性？我先保留懸念，暫且不揭開答案，閱讀完這篇文章後，看看你會不會發現意外的驚喜。

我有一個哥哥，他比我大一年半。由於年齡十分接近，因此我們倆亦有不少共同話題。然而，小時候的我們，感情並沒有如想像般相親相愛。時常看電視劇，劇情中的角色大多都是妹妹遇到危險，或跟男朋友吵架，甚至是被他人欺負，哥哥總會在關鍵時刻挺身而出，趕走與他為敵的壞人，好好保護妹妹。當脆弱的妹妹撲在哥哥的胸膛，溫柔的哥哥總會輕輕地撫摸著她的髮絲，告訴她：「別怕，有我在呢！」虛擬世界很美好，現實卻是殘酷的，長大至今，這些偶像劇般的情節，從未發生過在我身上，又或者，我們倆的相處方式，本來就不適合相親相愛，只適合互相撕殺。

自小開始，我倆能夠和平共處，對父母來說，是恩典。我們整天不是爭著轉台看電視，就是跑去搶玩具。一個不服氣，就開始大戰三百個回合，當口舌之爭亦未夠盡興，便動手動腳，誓要減低對方的戰鬥力。後來，父母留意到其他的小朋友不斷學東學習，驚覺我們比起同儕，好像稍稍落後了，於是開始為我們安排一連串的興趣班及補習班。

誠然，我不算是懶惰的人，且對世界的好奇心亦很強。只要是我熱衷於那個課題或範疇，要我上再多的課堂，我也不會有怨言。然而，媽媽對於興趣班的定義，與我對興趣班的理解，好像互相違背。基本上，我跟我哥上的課亦是大同小異，包括運動和音樂。運動方面，我媽安排了教練教導我們打乒乓球。記得當時，練球的次數亦是相當頻密，差不多一星期打個三至四次，將教練費乘以二，我深知每個月亦花了父母不少錢，更不用說要再買球衣，球拍，……打了一段時間，我哥忽爾說他不喜歡打乒乓球，覺得很無聊，想要學羽毛球，而爸媽是支持的。

說真的，也不見得我很喜歡打乒乓球。我只是不抗拒，而教練又跟爸媽說我挺有天份的。縱然我亦有像哥一樣向父母爭取過停學乒乓球的可能性，他們二話不說：「你才學了一個月，參加分齡賽就獲獎，為什麼不繼續學呢？剛剛才買了新的球拍，你哥不學，你也不學，浪費金錢呀！如果你繼續打，你也還可以繼續用他的球拍……」何時起，興趣是用成績堆砌出來

二十五．《桌子，有四個角，砍掉一個，還剩下……》

的製成品？我具備旁人眼中所謂的天賦，就代表我喜歡了嗎？

說到音樂範疇，我跟我哥是一起學鋼琴的。爸媽認為鋼琴是最流行的樂器，基本上許多小朋友都在學，所以也希望跟其他小朋友一樣，在鋼琴上培養幾分造詣。當時，我媽請了一位鋼琴老師教我們。我們輪流分配時間，通常都是我先上課，再到我哥，因為他說自己手腳不協調，而且看音較慢，歷經挫敗，他開首的熱衷已經被潑上不知多少盤冷水，熱情因而降了溫。反之，他對打鼓萌生了興趣，說很享受箇中的節奏感，因此再次要求爸媽讓他一試。然而，就在我們倆學琴沒多久，父母便買了一台價值不菲的山葉鋼琴回來，讓我們好好練習。既然如此，二人中，有一個中途離場，另一個鐵定要留場駐守吧。我很討厭我哥，為何他總是能夠發表自己的內心感受，我卻沒有選擇的餘地。

以往，我一直認為，於父母而言，他們生了一個兒子，再添加了我這個女兒，集齊一個「好」字，是加法；於我而言，哥哥的存在，是要我收他的「難攤子」，好像只要是他不喜歡的，不要的，我也要逼於無奈地接受。他分薄了父母對我的愛，是減法。然而，當我日漸長大，越加成熟，我的想法開始有所改變。

雖然我談不上很熱愛乒乓球和鋼琴，但確實是透過接觸它們，培養了我對運動及音樂的興趣，亦因此而擴闊了我的世界。直至現在，運動和音樂不僅是我的興趣，更是我舒緩壓力的良藥。當我總是一味認為父母偏心哥哥，我不能，亦不想再深究箇中答案。然而，兒時的經歷，確實教曉了我跟同輩相處的心態，接受自己不可能永遠當上世界的中心，人生亦不可能永無止境的站立於高峰之上。

在日常生活中，我們無時無刻都在經歷得到和失去的階段。回歸基本，我平日跟家人吃飯，貪吃的我大概會一馬當先，夾起桌上摯愛的的食物。家人看到這個情形，眼見我吃得如斯滋味，固然高興，因為我快樂，亦成就了他們的快樂。然而，好吃的全都吃了，餸菜或許只剩下數塊，又或已經涼掉了。「不要緊，你喜歡就吃多點吧！我沒關係的！」愛你的人，總會回一句暖心的說話，好讓你盡情地享受喜悅。然而，我卻感到不是味兒，罪咎感甚至如寒流般襲來，好像無論怎樣，也不能完全盡興。相反，若然將食物一同分享，你一口，我又一口，看似吃少了一塊咕嚕肉，喝少了一口珍珠奶茶，但箇中的喜悅，卻乘以二人份，甚至更多。皆大歡喜，這不就是我們想看到的局面嗎？

處於不同的成長階段，我們亦有不同的課題要經歷，去學習。面對友情考驗，若然相互之間的情誼已經隨著時間而流逝，又或發現他已經不再是當初認識的他，變得越來越陌生。他或許做了一些你不能接受的事，而事情的嚴重程度已遠遠超越你的底線，既然價值觀不一，亦沒有強行維繫關係的必要。對的，你失去了一個朋友，卻學會了分辨真小人和偽君子，警惕自己在珍惜關係之際，也不忘要好好保護自己。面臨愛情的挑戰，在這段感情中，你沒有盡力的保護她，愛惜她，又或因一些因素，二人最終未能開花結果，決定各自生活。經歷過失去摯愛，遺憾收場，卻學會了珍惜後來的那個她。

許多事亦只是觀點與角度的差別，視乎你如何看待事情。你的心態，會引領你作一個怎麼樣的決定，便會得出一個怎麼樣的結局。當我們認為所有事是一場減法，其實亦有可能是一場加法。人生某時，你看似正在失去，其實，你也正值收穫的階段。拼命握緊拳頭，沙漏還是會從指縫間流走；敞開心扉，張開雙手，你卻能擁抱整片大海。

桌腳，有四個角，砍掉一個，剩下三個角，是對的。然而，換上第二個分割法，答案亦可以是五個角。

二十五・《桌子，有四個角，砍掉一個，還剩下……》

人生某時，你看似正在失去，其實，你也正值收穫的階段。

二十六・《無中生有》

無中生有，定義從「無」揑造出「有」，指的是本無其事，只是憑空造作。網上將之定義為胡說八道，歸類為貶義詞。讀書時期，老師為了讓我們容易理解成語的意思和特性，便向學生解說為負面的性質，好讓我們學懂分辨於什麼句式能夠正確地運用。例如：我哪有偷取你的手錶，你別無中生有，誣衊我！於這句句子中，這個成語運用得十分妥當，在考試中適當地運用成語，甚至能夠額外加上分數。然而，將小小的句子放大至人生圖上，「無中生有」一詞，又是否真的如此貶義呢？

宏觀來看，所有事，本來就是一個從無到有的過程。人生道路上，我們本來就一無所有。直至，我們有勇氣去幻想心目中的理想世界，創作想要的烏托邦，然後花上時間去建構再改造，用上心力去經營。距離我憧憬的生活，好像近了一點，那裏有家人的陪伴，朋友的支持，還有最常被忽略的夢想。

人本來就孤身走到這世界，生於母胎，與媽媽建立了深厚的連結。年月漸長，爸媽陪伴著自己成長，跌倒後，再爬起來。關係是相互的，長大後，我們亦毋忘初心，好好陪伴家中兩老。踏入社會後，若然想要繼續好好經營生活，平衡人生的各方面，包括人際關係，娛樂，自己的專屬時間，運動，興趣等等，與家人見面的時間便要大打折扣，因而變得彌足珍貴。開始工作後，由於工作時間不固定，有時晚上十時才下班，所以我儘量在正常的下班時間，意指朝九晚六，就回家吃晚飯，頻率大概一星期兩次。而在週末，假若不用上班，我亦會跟他們飲茶又或到家附近的茶餐廳吃早餐，爭取相處的時光。

至於友誼，年少時，我們有幸於不同的途徑和場合與新相識的人相遇，相識再了解，相處再加深感情。伴隨著不同的經歷，他堅定不離，你亦定當不棄。支撐著這段友誼的背後，原來靠著如斯堅定的信念。大樹之所以一直屹立不倒，是因為於它的底下，有著強韌的氣生根抓緊泥地，使地基足夠穩妥。加上，樹葉透過樹幹接收充足的水分和營養，因而能夠茁壯成長。友誼的維繫儼如大樹上的綠葉，足夠滋潤，便能進行光合作用，茂盛地成長。不然，樹葉的顏色會失去本來的光澤，沒有足夠的強韌力，生命力減弱，因而枯萎，落葉歸根。一段友誼，不僅以雙方之間的承諾作基礎，更有賴一直以來的關心和支持作為維繫關係的橋樑，讓相互之間的連結得以延續，讓「愛」的種子從中發芽。不然，沒有充足的養分，二人之間的情誼亦難以健康地成長。

誠然，不論任何關係，凡是追求長久的維繫，「心」是箇中的催化劑，而「愛」是從中而生的產物。有愛，我們變得更加善待自己，更加珍惜自己重視的人和事。更重要的是，這提醒了我們謹記對生命的熱忱，滿載活力地築建屬於自己的夢想。

猶記得小學時，我經已對寫作產生濃厚的興趣。它給予我無窮無盡的想像空間，文字的每一橫每一豎，每一撇每一捺，皆有其意義。於我而言，文字足以照亮我的內心，彷彿在與我的靈魂對話。感激一直努力創作的作者，寫下了有溫度的文字，溫暖了我的內心，讓我在閱讀的同時，亦燃點了我的作家夢。除了想要成為作家，我更想成為一名具感染力的作家，希望透過簡單的文字築建一個世界，讓讀者在閱讀我的文筆時，能夠因為我的故事而帶來正面的影響，哪怕只是一點點的轉變。

縱然我的夢想萌生了，那團火焰並沒有燃燒得十分旺盛。我跟絕大部分人也一樣，總是習以為常的質疑自己的能力，內心的脆弱和自卑感，時常淹沒了我僅存的自信心和對未來的憧憬。偶爾，我也會覺得，夢想很不切實際，腳踏實地的工作，賺錢，過好生活，不就好了嗎？出書這個「夢想」，看似青春，熱血。然而，實際上，大家也可以預測得到結果會是怎樣——書本賣不完，浪費金錢。我不知道結果是否真的如我所料，我只知道，若然到最後，這本書真的面世了，證明了這一次，內心的倔強戰勝了心魔，我確確實實的由零開始，寫下了人生的第一本書。

驀然回首，我也想像不了自己完成了這個「小壯舉」，數個月來堅持在上班的路程開始寫作，然後下班後繼續「任務」，甚或假日也迫使自己減少休息的時間，繼續我的寫作之旅，堅持在原本設下的死線前完成。「無中生有」，看似是貶義詞，負面地指責別人憑空造作。然而，套用於人生，其實我們每一個人，只是在各人的道路上奮力打拼，創造屬於自己的康莊大道，又有何負面之影響？確實，我們必須承認，從「無」到「有」的過程，是一個漫長而艱辛的旅行，而終究出現的「有」，亦未必是我們最想要的結果。一篇文章，可能只是某幾個段落較為發人深省，不可能整篇文章也完美無瑕；這本書，可能只有幾篇散文是你較為有共鳴，不可能每一篇也愛不惜手。或許，寫一個段落，一篇文章，整合成一本書，儼如在拼湊自己的人生。

寫作如是，人生如是。我們都是第一次做人，沒有任何的相關閱歷，只能從零開始，慢慢地增加自己的經驗值。然而，可以肯定的是，這段旅程，必定是你人生中，其中一個刻骨銘心的階段。不論結果好與壞，都必定讓你有所得著，有所成長。

二十六．《無中生有》

我們都是第一次做人，只能從零開始，慢慢地增加自己的經驗值。

最後，如若你從這本書的文字中得到激勵，有所感悟，希望你能保持著這份勇氣，花上大量時間迷惘，再用幾個瞬間振作，再掙扎。成長很難，但根本無人說過人生很容易。

既然，我們獲得了進入樂園的入場券，就盡情地浪費時間，放任地遊蕩吧。期待在樂園關門之時，能夠看見我們玩得筋疲力盡，卻又滿載而歸的笑臉。

書　　　名 | 如果生命是一場藝術
作　　　者 | 李汶恩
插　　　畫 | 雲吞
出　　　版 | 超媒體出版有限公司
地　　　址 | 荃灣柴灣角街 34-36 號萬達來工業中心 21 樓 2 室
出版計劃查詢 | (852)3596 4296
電　　　郵 | info@easy-publish.org
網　　　址 | http://www.easy-publish.org
香港總經銷 | 聯合新零售（香港）有限公司
出版日期 | 2024 年 7 月
圖書分類 | 流行讀物
國際書號 | 978-988-8890-00-2
定　　　價 | HK$ 79

Printed and Published in Hong Kong